晋商五百年

商界翘楚

主编 刘建生
副主编 刘成虎

刘建生 张哲 吴丽娟 编著

山西出版传媒集团 山西教育出版社

图书在版编目（CIP）数据

商界翘楚 / 刘建生，张哲，吴丽娟编著. — 太原：山西教育出版社，2014.10
（晋商五百年 / 刘建生主编）
ISBN 978-7-5440-5164-4

Ⅰ. ①商… Ⅱ. ①刘… ②张… ③吴… Ⅲ. ①晋商－史料 Ⅳ. ①F729

中国版本图书馆CIP数据核字（2014）第055776号

晋商五百年·商界翘楚
JINSHANG WUBAI NIAN Shangjie Qiaochu

出 版 人 雷俊林
选题策划 张沛泓 杨 文
责任编辑 魏雪萍 刘 超
复　　审 杨 文
终　　审 张沛泓
装帧设计 刘志斌
内文排版 马海燕
印装监制 郭 勋 贾永胜
图片统筹 刘志斌
摄　　影 薛 菲 王永伟 刘志斌 梁 铭
荣 浪等

特别鸣谢 北京晋商博物馆
支持单位 北京晋商博物馆 山西省博物院
太原晋商博物馆 山西财经大学晋商博物馆

出版发行 山西出版传媒集团·山西教育出版社
（地址：太原市水西门街馒头巷7号 电话：0351-4729801 邮编：030002）
印　　刷 山西臣功印刷包装有限公司
印　　次 2014年10月第1版 2014年10月第1次印刷
开　　本 787 × 1092 1/16
印　　张 13.5
字　　数 194千字
印　　数 1—5 000册
书　　号 ISBN 978-7-5440-5164-4
定　　价 38.00元

康熙皇帝说："今朕行历吴越州郡，察其市肆贸迁多系晋省之人，而土著者盖寡。"

——《清实录》康熙二十八年二月乙卯条

山西巡抚刘于义上奏说："山右积习，重利之念，甚于重名。子弟之俊秀者，多入贸易一途，其次宁为胥吏。至中材以下，方使之读书应试。"雍正帝在其奏疏上"朱批"："山右大约商贾居首，其次者犹肯力农，再次者谋入营伍，最下者方令读书。朕所悉知。"

——《雍正朱批谕旨》，第四十七册，雍正二年五月十二日朱批

在海外十余年，对于外人批评吾国商业能力，常无辞以对，独至有历史、有基础、能继续发达之山西商业，鄙人常以自夸于世界人之前。

——梁启超《在山西票商欢迎会演说词》，1912年

平阳、泽、潞豪商大贾甲天下，非数十万不称富。

——王士性《广志绎》

富室之称雄者，江南则推新安，江北则推山右。

——谢肇淛《五杂组》

山右巨商，所立票号，法至精密，人尤敦朴，信用最著。

——《清朝文献通考》，卷十八

1888年，英国汇丰银行一位经理甫将离开中国时，对山西票号、钱庄经营人有过这样一段评论："我不知道我能相信世界上任何地方的人像我相信中国商人或钱庄经营人那样快……这25年来，汇丰银行与上海的中国人作了大宗交易，数目达几亿两之巨，但我们从没有遇到一个骗人的中国人。"

——渠绍淼《晋商兴盛溯源》

中国商贾夙称山陕，山陕人智术不能望江浙，其推算不能及江西湖广，而世守商贾之业，唯其心朴而实也。

——清代外交家、首任驻英公使郭嵩焘

霭龄坐在一顶十六个农民抬着的轿子里，孔祥熙则骑着马，但是，使这位新娘更为吃惊的是，在这次艰苦的旅行结束时，她发现了一种前所未闻的最奢侈的生活。因为一些重要的银行家住在太谷，所以这里常常被称为"中国的华尔街"。

——罗比·尤恩森《宋氏三姐妹》

在上一世纪（19世纪——编者注）乃至以前相当长的一个时期内，中国最富有的省份不是我们现在可以想象的那些地区，而竟然是山西！直到本世纪（20世纪——编者注）初，山西，仍是中国堂而皇之的金融贸易中心。北京、上海、广州、武汉等城市里那些比较像样的金融机构，最高总部大抵都在山西平遥县和太谷县几条寻常的街道间，这些大城市只不过是腰缠万贯的山西商人小试身手的码头而已。

——余秋雨《抱愧山西》

未曾消逝的风华

（代序）

三晋大地是孕育中华民族的热土。距今180余万年前，山西匼河西侯度出现了迄今为止在中国发现的最早的人类。许家窑、丁村、峙峪、北撖……山西几乎保留了旧、新石器时代不同阶段的所有遗存。从那时起，山西曾一度是中华文明的代表。

隋代，雄踞太原的李渊成为天朝大国新的主宰，太原也因此成为大唐帝国的北都。唐代的三晋是一个文化昌达、名人辈出的地方，王维、柳宗元、狄仁杰、河东裴氏……一个个镌刻在青史上的名字，推动着唐代文化登峰造极。当鼎盛的铅华在四起的狼烟中悄然褪尽，宋太宗的铁骑踏过黄河，刘汉王朝灰飞烟灭之后，连年的战火、无休止的争斗，李唐盛极一时的河东文化似乎真的随着太原城那场人为的大火飘零没落了。

有人说，唐代以后的山西乏善可陈，科考不利、文化名人匮乏，山西的文化凋落了，但很少有人注意到，在时代变革、文化演进的浪潮中，山西扬弃旧腐、推陈出新的地域文化特征和独特的文化变迁方式。17世纪以降，在风云诡谲的世界形势中，经济实力成为决定国家兴衰至为重要的因素。当西方凭借坚船利炮不断开拓世界市场、中国依然沉浸在义利之辩中无法自拔时，被梁启超先生"常以自夸于世界人之前"的那些"胡服辮发"的山西商人又一次成为引领时代潮流的群体……时任德国柏林大学校长的李希霍芬男爵曾评价说，山西人"具有卓越的商才和大企业精神，有无比优越的计算智能，有发达的数字意识和金融才华"，因此"中国人好比犹太人，而山西人更像犹太人"。

晋商从默默无闻的引车卖浆者逐渐发展成为"非数十万不称富"的豪商巨贾，纵横捭阖五百余载，足迹遍及大江南北。他们凭着敢为天下先的精神，利用国家政策，抓住历史机遇。他们栉风沐雨，远渡重洋，北至西伯利亚、伊尔库茨克，南抵香港、加尔各答，东到神户、大阪、横滨、仁川，西涉喀什噶尔、塔尔巴哈台，业务涉及盐、茶、粮食、布匹、典当、票号等诸多行业，以独具特色的经商理念与经营艺术，创造了一个个令世人瞩目的商业奇迹。我们山西大学晋商学研究所同仁曾循着晋商的足迹赴东瀛，到欧美，北上恰克图、海参崴收集相关史料。大家无不为昔日晋商“劈开万顷波涛，踏破千里荒漠”的那种艰苦创业、百折不挠的精神所折服。尽管晋商在清末战乱中逐步走向衰败，商业和金融业态的转变使之无法承担起信用制度变迁所带来的庞大交易费用，但他们并没有化作历史的尘埃随风飘逝，其遗留下来的丰富的物质和精神遗产，至今依然影响着我们。

站在平遥、太谷、祁县等古老县城的街道，放眼望去，掩映在夕阳余晖中的是一座座明清晋商的豪宅大院、孕育着郁郁生机的老街，还有那商号店铺的门帘随着进进出出的人们不停地摆动，像少女头饰上随风摇曳的流苏。熙攘而恬静，喧嚣而自然，建筑和人交相融合，很容易让人产生时间上的错觉。思绪的穿越，把我们带回到清代，街面上此起彼伏的吆喝声、票号柜台上眼镜戴在鼻尖上的掌柜、镶满铁钉的大门、被缰绳磨得发亮的花岗石拴马桩……使我们抑制不住钩沉旧事的冲动。

每处遗存都有着自己的故事，每件古物都有着鲜为人知的传说。发现故事讲给世人听，是三晋学人义不容辞的责任。因此，我们会集山西大学晋商学研究所以及经济、历史、教育、体育等学科从事晋商研究的多位学者，捃摭多年研究成果，从晋商盐帮、茶商、典当、票号、镖局、会馆、家族、大院、教育，以及走西口、粮油故道、保晋公司等入手，通过点滴历史事件，深入浅出，图文并茂，向读者展示明清晋商的不同侧面，以期雅俗共赏，弘扬中国传统商业文化。

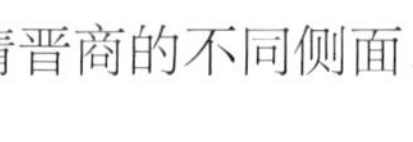

于山西大学晋商学研究所

目录 MULU

前言

东方还未露出鱼肚白，一队人马却要泪别父母妻儿，匆匆开启离家的旅程。在风灯残影的陪伴下，他们怀揣改变贫苦命运的梦想，踏上了不知归期的茫茫西去东往之路。几百年后，这些人被尊为一个纵横华夏大地、捭阖天下钱粮的伟大商帮的祖先。而这个商帮，我们称之为“晋商”。

上有天堂，下有苏杭。公元1827年（清道光七年）尾，过年的欢喜气氛遍布南方的园林古城——苏州，人们三五成群喜气洋洋地去置办年货，不料，这年的年货比往年贵很多，可谓物价飞涨，弄得大家伙很不高兴。今年苏州风调雨顺，既无灾荒，也无战乱。这样的太平年景，物价为什么会平白无故地涨起来呢？

经过查探，苏州城里的官员终于找到了物价飞涨的原因——钱少了。那一年的苏州城，市面上一下子少了数百万两白银的现金流通，银根吃紧。钱怎么会少这么多呢？因为到苏州办货的北方商人彼此之间已经习惯用金融票据往来代替现金交易，拿一张纸票来换货，而把大箱大箱的金银屯在自己家的地窖里。这些在北方商人手中转来转去的会票，恰恰几乎全都出自山西那家叫“日升昌”的票号。苏州人纳闷了，千里之外的山西商家咋能控制苏州市场？他们的影响力和控制力会有这么大？答案是：对，晋商的影响力就这么大！

1912年，早年领导戊戌变法的梁启超先生结束了十几年流亡海外的生活，回到北京。为了躲避朝廷的拘捕，他先是逃往日本，之后游历英、美等国。他不仅亲眼目睹了西方国家的强盛，而且深深地体会到形成这种强盛的条件之一是整个社会商业的兴旺。回国之后，他希望那些明显领先于中国的经验在中国能得以推广。要振兴经济，离不开商人的支持，所以梁启超特意出席了山西商人为他举办的欢迎会。在这个场合，他说了这样一段话："鄙人在海外十余年，对于外人批评吾国商业能力，常无辞以对，独至有历史、有基础、能继续发达之山西商业，鄙人常以自夸于世界人之前。"这些话并不是客套。梁启超对山西商人的评价，不仅仅局限在财富的层面上，而更看重的是山西商人所创造的独特的商业文化。

启超先生赞誉至此，实为山西商人之幸事，也正可以反衬出明清之际晋商底蕴之厚、实力之强、涉足行业范围之广、遍布海内足迹之丰。那么，为什么在明清之际会出现一个由山西商人组成的实力强大的商人团体呢？他们是怎样的一群人？为什么会由他们来创造中国商业历史上的奇迹呢？如果您想弄清楚这些问题，请随着这本书的引导来推开这金碧辉煌又迷雾重重的大门——晋商。

第一章

中镇华夏曰晋
广贸九州是商

山西人经商的历史可谓源远流长、根基深厚。自夏、商、周三代为始，度春秋战国、越秦汉魏晋、承隋唐五代、跨宋元而至明清，悠悠五千载风云变幻，商道的传承在三晋大地上绵延不息，以至明清晋商方能称雄九州。此外，山西得天独厚的自然地理位置、丰富多样的自然资源以及山西人不畏艰险、勇于开拓、诚实守信的品质也是明清晋商得以昌盛的必要条件。

第一节　地理优越，资源丰富

山西临北连南、接东贯西的优越地理位置赐予了山西人能够扼南北货物流通之咽喉的天然优势，为山西商业的兴起与发展提供了地理条件。丰富多样的物产资源遍布省内各地，煤、铁、铜、皮草、玻璃等都为山西人外出交易提供了最基本的物资支持。

关键词：位置优越　中镇华夏　广联四方　多种资源　盐铁煤占先

一、人说山西好地方

山西省，位于长城以南、太行山以西，黄河自北而南、自西而东将之包裹，几千年来灌溉孕育，繁衍出了久远悠长的三晋文化。晋，就是晋国，春秋时五霸（齐、晋、楚、宋、秦）之一，其版图主体就在今天的山西省。春秋末期，晋国势力衰弱，被晋静公臣下的三家士大夫瓜分为韩、赵、魏三国，中国历史从此进入了礼崩乐坏又激越昂扬的战国时代。"三晋"之称就来源于此。

太行山

纵观中国地图，山西的地理位置非常特殊。它地处黄土高原东部，地势高峻，山脉纵横。其东、东南逾太行山连华北平原，其西以黄河为界，与辽阔的西北高原相接，其北越长城可直达内蒙古草原，其南渡黄河为河南西部地区。其中部有一条纵贯全省的河谷盆地，是从北部边疆通向我国中原腹地的天然军事“走廊”。明末清初的地理学家顾祖禹在其所著的《读史方舆纪要》中赞叹说：“山西居京师上游，表里山河，称为完固，且北收代马之用，南资盐池之利，因势乘便，可以拊天下之背而搤其吭也。”这段话高度概括了山西地理形势及位置的重要性。

从经济地理上来说，山西具有天然的优势：东跨太行而接齐鲁大地，可以与之交易鱼盐；南渡黄河以接河南，可与豫、鄂、湘、皖等南向诸省通商；西抵关中以通西域而顺丝绸古道贸易于宁、陕、青、疆等地；北临蒙古、冀中以达东北辽、黑、吉等自然宝库。可以说，山西自古以来就是会集五湖四海各种资源、商货的贸易大省，山西人也天生就适合做买卖。

二、物产丰硕

山西是个资源大省，但很多人谈起山西的资源都只记得“煤”，这可真是小看了山西啊！

明末清初的大学者顾炎武在其著作《肇域志》中写道：“绫：太原、平阳、潞安三府及汾泽二州俱出。绸：出潞安府，泽州之间有之。铁：

延伸阅读

春秋时的五霸，说法不一，一种指齐桓公、宋襄公、晋文公、秦穆公和楚庄王。此出自《史记》。另一种指的是齐桓公、晋文公、楚庄王、吴王阖闾、越王勾践。此出自西汉辞赋家王褒的《四子讲德文》。还有齐桓公、晋文公、秦穆公、楚庄王、吴王阖闾一说。但也有人认为五霸不是指具体的哪位国君而是指那个国家。

延伸阅读

清朝共有18省（江苏、安徽、山东、山西、河南、陕西、福建、浙江、江西、湖北、湖南、广东、广西、云南、贵州、直隶、四川、甘肃），在东北地区设奉天（盛京）、吉林、黑龙江，外蒙古设乌里雅苏台，新疆设伊犁5个将军辖区。西藏、西宁设办事大臣辖区（办事大臣驻甘肃西宁府，辖青海地方）以及由中央理藩院直接管辖的内蒙古盟旗。

各处多有，冶惟阳城尤广。黄铁：交城静乐县有冶。铜：代州风游谷及垣曲县北山俱出……”民国年间编写的《山西全省财政说明书》中有记载：“如繁（峙）、浑（源）、应（县）之黄芪，泽（晋城）、河东（晋南）之柿霜，平陆之石膏，口外、大同、交城、绛州之皮张，岢岚之麝香……此则天然之产出物也。台山之桦木盘碗，浑源之毡鞋，交城之玻璃，大同之铜器，宁武、归化之花毯……此则人工制作输出之物品也。其他如口外之绒毛，潞城之草帽辫，泽州之茧丝，草地之畜牧，皆为生计上之必要。”这些资料都切实反映了山西丰富的资源及其分布状况。

在众多的自然资源中，以各地铁矿、运城盐池以及遍布三晋大地的煤炭资源最为瞩目。

1. 铁矿。

山西冶铁的历史源远流长。早在公元前500多年的春秋时代，山西人就能生产土铁“以铸刑鼎”。此后工艺逐渐提高，特别是并州剪刀，驰名全国。唐代卢纶作《难绾刀子歌》说：“并刀难绾竟何人，每成此物如有神。”诗圣杜甫也曾赋诗赞美：“焉得并州快剪刀，剪取吴淞半江水。”

至唐代，太原府的铁镜铜镜成为贡品，而且山西冶炼的铁还用于巨大的桥梁工程。公元731年山西工匠在风陵渡架蒲津桥时，沿河两岸各铸四个数万斤的大铁牛，铁牛足下熔铁为山，彼此相连。然后用五十六根铁柱贯穿起来架成浮桥以便利晋、陕、豫的交通。该桥一改历史上搭船为桥的办法，工艺先进，经久耐用，直

延伸阅读

民国时，全国计有江苏、安徽、江西、湖北、湖南、四川、西康、云南、贵州、广东、广西、福建、浙江、山东、山西、河南、河北、陕西、甘肃、宁夏、青海、新疆、辽宁、吉林、黑龙江、热河、绥远、察哈尔28省，南京、上海、北平、天津、青岛、西安6直辖市。抗战胜利后，台湾归还祖国。并将战前东北3省地（伪满时分划为18省）分置为辽宁、辽北、安东、吉林、合江、松江、黑龙江、嫩江、兴安9省，全国共35省。

延伸阅读

并州：太原的古称，故并州剪刀也就是太原剪刀。太原市现今街道名字中还有大小剪子巷，这些地方在宋代时就是剪刀的生产作坊。明代，并剪更是畅销全国，各大商埠、码头都有专营商号。现在的太原刀剪厂就是在原来的晋府店刀剪社基础上成立的。

运城盐湖

到明代才“退休”。

明清时期，临汾、太原、长治、晋城已成为当时的冶铁中心，“中国言铁矿者，必以山西为首屈一指”，其中“平铁”“潞铁”最享盛名。仅晋城就有炼铁炉 1 000 余座，铸造炉 400 多个。“在欧洲的进口货尚未侵入以前，足有几亿的人是以凤台县（晋城）取得铁的供应的。”晋城“大阳的针供应这个大国的每一个家庭，并且远销中亚一带”。

2. 运城盐湖。

在山西省南部有一个城市叫运城，如果你去此地旅游，很可能不适应当地的咸水。不论洗漱饮用，你所接触的水都是只咸不淡。究其所以，都要归因于上天的恩赐——运城盐湖。

清代皇家类书《古今图书集成》中载曰：河东盐池（即运城盐湖）“惟水五、六寸许，日暴结板，水面生花，东南风盪，堕极成盐，皎洁方正，故曰斗盐”。

明朝人宋应星在其著作《天工开物》中写道："山西解盬，供晋豫诸郡县……待夏秋之交，南风大起，则一宵结成，名曰颗盐，即古志所谓大盐也。以海水煎者细碎，而此成粒颗，故得大名。此盐凝结之后，扫起即成食味。"这两段记载都描述了河东池盐是如何晒制风干的，细究其制作过程，多依赖自然之力，确实可以说池盐是上天赐给山西人民的宝物。

盐，为世人必需之物，以此为业利润颇丰。尧都平阳、舜都蒲坂、禹都安邑均与盐池为伴，历朝天子都"盯"住这个"聚宝盆"，将其辟为皇家禁地。商贾、游客也骈肩接踵而至，附近村民甚至不问农事，"以池为世业，以盐充储儋"，世世代代晒盐卖盐，以此养家糊口。河东盐利历来是封建政府的重要财政入项。除"租赋外，惟以盐课佐经费"。由于盐工、盐商多集中于位置适中的"潞村"，人们便把河东盐称为"潞盐"。由于经营潞盐获利丰厚，独具魅力，许多人如痴如狂、趋之若鹜。盐都运城由此拔地而起。

宋元时，盐商云集潞村，将潞盐远销河北、两淮，收利甚巨。潞村亦渐

山西煤炭

趋繁华。原来的弹丸小镇已难以包容八方盐客。元顺帝时（1333—1369），河东盐运使那海德俊见潞村经济日益发展，遂于1356年召力役民丁及2 500兵丁筑土为墙，修建了周长1 700丈的城垣，名曰“凤凰城”。后因盐运司由偏处一隅的解州小城迁驻“凤凰城”西大街口，于是又改名为“运城”。

3. 黑色黄金——煤。

山西，一直以来都以“中国煤海”之称闻名于世，其煤炭储量之富、品种之多、质地之优令人瞠目结舌。焦煤、弱粘结煤、不粘结煤、长焰煤、无烟煤、褐煤、贫煤、瘦煤、肥煤、气煤十大煤种样样俱全。低灰、低硫、低磷，每公斤发热量最高达7 500大卡的“三低一高”的品质令人折服。埋藏浅、煤层多、采层厚、易开采的地质构造令采掘者神往。山西省90%的县市分布有煤。

世人称山西为“中国的鲁尔”。“煤藏之富甲天下，得天独厚墨玉香”并非溢美之词。现在，在三晋大地上每隔十几分钟就有一列满载煤炭的列车驶出娘子关，北越长城，南过风陵渡。源源不断的乌金宛如滚滚不尽的长河，川流不息地流向四面八方，有的还漂洋过海，远“嫁”英、法、荷、意、日。煤海之乡用乌金墨玉架起了中国与世界人民之间友谊的桥梁。

这众多的自然资源，为山西经济自古以来的承续提供了发展源泉，也为山西商业的传承发展提供了必备条件。

第二节　商事久远，历代繁荣

晋商能在明清时崛起，甚至于可以“执中国金融界之牛耳”，并非凭空爆发出的能量，而是因其有千百年商业传统的积淀和长期积累的资金、经验、社会关系及商业网络。在明朝以前的中国历史上，山西商业就已经取得了很大成功。

关键词：　悠久商史　早期巨商　汉匈贸易　建唐得官　货物集散中心　承续发展

一、先秦风姿

现今很多人对晋商的了解就是“在清末经营老式银行的那帮山西商人”。其实不然，山西人经商的历史、经商的范围并非单单以清末山西票号业就能够概括。

要溯及晋商的源头，可以说是很久远的了。早在夏、商、周三代，就已经有了山西商人的老祖先——盐商。山西的河东地区有天赐盐池，而盐正是古代第一大宗商品。人们生活不可以没有盐，山西人利用自己的资源优势做起了这关乎国计民生的大买卖。在周朝的史书《国语》中，我们已经可以看到他们的身影。“绛邑富商，其财足以金玉其车，文错其服，能行诸侯之贿。”

采盐图
模拟古时热火朝天的采盐场景。正是靠着这样原始的人力采挖，十大盐区满足了老百姓的用盐需求，也造就了富甲天下的大盐商。

绛邑指的就是今天山西南部的一些地区。富可敌国的山西商人们，坐着用金玉装饰的豪华马车，穿着华丽的服装，往来于宫廷之中。

春秋战国时期，山西已经发展为中原地区重要的商业枢纽。在晋南地区就已经出现了“日中为市，致天下之民，聚天下之货，交易而退，各得其所”的商业交易活动。晋文公称霸之时，山西的榆次、安邑是有名的商业集镇，晋国对内设置“工商食官”来管理集市贸易，对外则命令“轻关易道通商”，与其他各国通商往来，交流货物。晋人也经常到北方少数民族聚居之地与当地居民交易。1963 年在山西省阳高县出土的战国时晋国对外进行交易的货币——晋阳币，就是这一时期山西地区商业贸易繁荣的有力佐证。

范蠡画像

范蠡（约前 536—前 448），字少伯，春秋末期的政治家、军事家和经济学家，楚国宛（今河南南阳）人，著作有《计然篇》《陶朱公生意经》等。

后人时常提及的三位商界大贤计然、陶朱、猗顿正是春秋战国时期与山西这块土地有着不解之缘的人物。两千多年来，商人们往往在账房门前贴有“陶朱”二字，都习惯尊崇他们为商家的古圣贤人，视为商圣来供奉。

说起这“陶朱”，便是春秋后期帮助越王勾践在吴国忍辱偷生十多年又转而灭吴兴越的千古智士，也是与中国古代四大美女之一的西施隐迹江湖逍遥快乐的潇洒豪杰——范蠡。很多人还不知道，范蠡在退隐之后的另一个身份——河东大商。范先生在帮助越王勾践雪耻复仇之后隐迹江湖，从事贸易，积资巨万。晋南人说，他最后来到运城陶村，也有人说他定居山东定陶。虽说法不一，但有一点可以肯定，即他的成功得益于山西商事。

范蠡还收有一个大弟子，名叫猗顿，战国时魏国人，猗顿是其号，姓名与生卒年代已无可考。他是我国战国初年著名的大手工业者和商人，对山西地区手工业和商业的发展有很大的推动作用。

据说，猗顿为了更加有效地经营池盐，加快贩运速度，还试行改变驴驮车运的落后运输方式，欲以舟运，开凿了山西地区第一条人工运河。他在猗氏经营牧业，经营运城盐业，识珠宝玉器，定居猗氏王寮，“十年之间其息不可计，富拟王公，驰名天下”。其财富已超过陶朱公，并可与王公的势力相提并论，终成倾国巨富。太史公赞曰：“谚有云，长袖善舞，多财善贾，其猗顿之谓乎！”猗顿还能辨别璞玉的真假，人们常把他辨玉的本领与伯乐相马的本领相提并论。

在中国经济史上，猗顿对山西南部地区的畜牧业和河东池盐的开发都起了十分重要的作用，在山西商业发展史上占有重要地位。他是山西地区见于史载的最早的大手工业者和大商人，是山西经济史上的重要人物。

此外，《史记·货殖列传》说，范蠡曾拜计然为师。这计然并不是真名实姓，而是善于计算运筹的意思。计然何许人？《史记》记载“其先晋国亡公子也”，说他的先辈就是山西人。他教给范蠡“贵流通”“尚平均”“戒滞停”等七策，这大约是古代中国最早的商业理论。范蠡学七策，只用了五策便使越国强盛。他离开越国时说，要把七策完全用于自己的事业。于是，他获得了商业上的成功。山西有计然这样的商业理论家，又有猗顿这样的实践者，构成了传统的商业意识和商业文化。

二、汉唐商贾

秦汉时代，太原、平陆、平遥、汾阳等地已成为重要的商品集散市场。境内生产的丝绸、纸张和铜器等商品，就通过“丝绸之路”输往西域，运至罗马。清朝末年，在山西省灵石县出土了16枚古罗马铜钱。经考证，是罗马梯拜流斯至安敦皇帝时代所铸造的，那正是中国的汉朝时期。这些罗马古钱币是山西商人经丝绸之路与遥远的欧洲商人进行国际贸易不可多得的实物证据。与此同时，山西商人还打通了以山西为枢纽，北越长城，贯穿蒙古和西伯利亚，直抵欧洲腹地的商路，成为当时东西方陆路商业往来的重要通道。

此时，汉族与匈奴虽然大战不断，但整体上还是保持战和相间的状态。中原地区与匈奴老百姓之间的生活贸易也没有被割断，他们常常在长城之下进行生活资料的交换。中原人从匈奴人那里换来马匹、牛羊、皮革等物，匈奴人从中原商人手中拿走丝绸衣物、油盐酱醋等等生活必需品。交易场面一度非常繁盛。

此外，汉朝政府在与匈奴交界的地方驻有大量军队，而在军队驻扎地逐渐兴起很多小型市集。吕思勉先生在其所著《秦汉史》中就有记载，在山西代县西北的雁门关曾设置军市，通过山西商人贩运货物来补充军队日用品。与边境的驻军做生意，也是山西商人的一个特色。

隋唐时代又出现了泽州（今晋城市）、太谷、平定、大同等新兴商业城镇。李唐起兵太原，定太原为北都，汾河两岸，商业繁荣。唐朝诗人韩愈对此有诗描绘："朗朗闻街鼓，晨起似朝时。"自唐宋以迄明清，长城内外的物资交流，大都由山西商人进行。

中国历史上唯一的女皇帝武则天就是山西文水人，与抗日时期的女英雄刘胡兰是同乡。武则天的父亲名叫武士彟，是隋朝时期山西的大木材商人。后来，隋朝在炀帝杨广的治理下混乱不堪，民不聊生，故天下群雄并起。太原留守李渊也起兵反隋，武士彟以自家财力为李渊筹备军需，大力支持李家争雄天下。后来，李家建立唐朝，开创了中国历史上赫赫有名的大唐时代。武士彟因帮助起兵有功而得官获爵、平步青云，官至礼部尚书，为一等应国公，一时尊荣无比。他家与李渊一家关系密切，所以才能奉女进宫，而后执掌天下。可以说，武氏一家是山西商人由商而官的早期代表。

而当时晋阳（即太原）为唐王朝的北都，被视作李唐家族龙兴

◇ 武则天塑像

武则天（624—705），汉族。中国历史上唯一一个正统的女皇帝，也是继位年龄最大的皇帝（67 岁即位），又是寿命最长的皇帝之一（终年 82 岁）。唐高宗时为皇后（655—683）、唐中宗和唐睿宗时为皇太后（683—690），后自立为武周皇帝（690—705），改国号"唐"为"周"，定都洛阳，并号其为"神都"。史称"武周"，705 年退位。

之地，其在唐朝的特殊地位可想而知，所以太原城又被称为"龙城"。晋阳的地理位置十分优越：向西南，经过汾州、晋州、绛州、龙门关或蒲津关，可以直通国都长安；向南，经潞州、泽州，越过太行山天井关，可通往东都洛阳；

东出井陉关，经河北恒州、定州，可通往幽州（即北京）并可进而联系东北渤海诸部以及高丽、新罗乃至日本；向北经忻州、代州、朔州、云州，可以通往突厥部族。正所谓四通八达之所，九州商网上的重要中转点。所以，当时山西的商业十分发达。

三、宋元传续

宋代经济发达，全国性市场扩大，商业空前繁荣。山西更因为其优越的地理位置而成为南北商货的集散中心，交易频繁。山西商人与徽州商人并称，成为当时中国商业的中坚力量。北宋王朝所需要的战马大多数依靠北方的辽来供应，辽也急需要宋的手工业制造品。据历史文献记载，宋朝庆历年间（1041—1048），宋王朝出藏绢2000多匹在山西岢岚买马，又出绢30 000多匹在山西各州府买马，非官方的民间贸易更是频繁。宋神宗时，山西人积极参与进出口贸易，境内的矿产品也随之源源外流。

元朝时，蒙古贵族们为了追求奢侈生活，在其统治中心的各大城市中发展奢侈品贸易。山西地区正处于其统治中心范围，受益于元政府的政策，商业得到进一步发展，甚至于太原、平阳等城市曾一度发展为国际贸易城市。

西方旅行家马可·波罗走遍了中国各地，其所著《马可·波罗游记》中写道：“太原府工

马可·波罗画像

马可·波罗（1254—1324），世界著名的旅行家、商人。生于意大利威尼斯一个商人家庭，于1265年到达蒙古帝国的夏都上都（今中国内蒙古自治区多伦县西北），与大汗忽必烈建立了友谊，在中国游历17年。著有《马可·波罗游记》（又名《马可·波罗行纪》和《东方闻见录》），记述了他在中国的见闻，激起了欧洲人对东方的热烈向往，对以后新航路的开辟产生了巨大的影响。同时，西方地理学家还根据书中的描述，绘制了早期的“世界地图”。

商业颇盛，产葡萄酒及丝”，而且有人远涉他国，“至印度通商谋利”，“从太原到平阳（临汾）这一带的商人遍及全国各地，获得巨额利润”。

由此可见，山西的商业在明以前就已经非常发达了，山西人承续着两千多年来的商道积淀，通过自己的艰苦开拓、四方奔走，逐渐建立起自己的一套经商之道，为从明开始的晋商大爆发奠定了坚实的基础。

第二章

明之际晋商兴起

经过两千多年的经商实践之后，山西人已经具备了深厚的商业基础和丰富经验。进入明代后，人口的激增对山西地理资源形成了沉重压力，生存的难题逼迫着山西人必须找出一条致富的新路。恰在此时，明朝政府颁布了《开中法》，使盐政制度发生了一系列改革。这对于山西人来说是天赐良机。已经做好充分准备的山西人抓住这个机遇，使河东盐业得到了长足的发展，也打响了明清晋商崛起进而独占鳌头的第一炮！此外，边疆军队和蒙古人民的生活资料需求也促进了山西商人与驻军及牧民的贸易往来，运粮担布、赶驴驾马，开启了粮油故道的悠长历史。

第一节 诸般要素，共促龙兴

山西商业从明朝开始兴盛并不是偶然的，除了两千多年的商事积淀和天然拥有的地理优势与丰富资源外，还有地狭人稠危机的逼迫、不畏艰险勇于开拓精神的激励、崇尚商业观念的确立以及明政府一系列的政策支持等诸多因素。

关键词：地少人多 重商思想 经济发展推动

一、地少人多，另辟生途

元朝末年，元政府统治腐败，对广大汉族人民实行民族歧视政策，剥削和压迫越来越严重，最终激起各地农民起义。刘福通、韩善童、朱元璋等乱世枭雄率领贫苦农民与蒙古统治者争夺天下，战火很快烧遍了大江南北。人民大众在战火中饱受苦难，背井离乡、奔走逃难者不绝，生活非常悲惨。

与其他地方相比，山西得益于较为闭塞的自然环境，成为战火包围中难得的一块风调雨顺的安宁之地，也是河南、河北、山东等省逃难人群首选的栖身之所。经过十几年的战乱，中原地区的人口丧失非常严重，山西的人口则快速增加。明代初年的洪武年间，山西的人口总数已经达到了 400 万，相当于当时河北、河南两省区人口总数之和，并且还在不断增长。

巨大的人口数量给山西的生态环境和自然资源都带来了沉重压力，而山西的耕地资源却不足以为如此之多的人提供足够的粮食。山西虽然资源品种丰富，但农业资源尤其是最重要的耕地却很少，素有“八分山丘二分田”之说。境内山峦起伏，平地稀少，尤其是北部地瘠民贫。在南部和中部汾河沿岸，虽稍多沃土，但农田仍然不足，且十年九旱，即便丰年，粮食也常常是仅够居民果腹。平阳、汾阳、蒲州、解州等处，本地所出之粟都不足供应居民，还要仰给于河南、陕西二省。《晋乘蒐略》载曰：“山西土瘠天寒，生物鲜少……盖其土之所有不能治半岁之食，不得不贸迁有无，取给他乡。”《太谷县志》也记载说：“阳邑民多而田少，竭丰年之谷，不足敷两月……耕种之外，咸善谋生，跋涉数千里率以为常，土俗殷富，实由此焉。”

生活的窘迫使得很多人不得不另辟他径。他们打破传统的单纯经营农业模式，推着小车，担着担子，背井离乡走向四方，将本省的盐、铁、铜、绸等多种物资及中原、江南的粮食、棉布、茶叶等等生活必需品运往北部边镇与边军及蒙俄居民进行贸易。

延伸阅读

《晋乘蒐略》共 32 卷，是清代康基田所著的一部大型编年体山西通史长编，上起唐尧，下迄明亡，记载了 4 000 年的山西历史。

黄土高原

世界最大的黄土高原。在中国中部偏北，包括太行山以西、秦岭以北、乌鞘岭以东、长城以南的广大地区。跨山西、陕西、甘肃、青海、宁夏及河南等省区，面积约 40 万平方千米，海拔 1 500 到 2 000 米。

二、抛弃旧俗，崇商重利

“商界巨子”，这个称号在现代人眼中是事业成功的标志，是努力奋斗的目标，是令人羡慕不已的身份，是人生奋斗的高峰。不过，别急，您先做个心理准备，咱要来个一百八十度的大转弯了！

在我国从东周至明清的三千年历史长河中，商人从明末清初才开始慢慢为人们所尊敬，而在此前两千五百年时间里，对“商界巨子”的评价只有“低”“贱”两个字！在古代社会里，如果你是一个家财万贯的商人，穿金戴银，骑着高头大马走街串巷，当你在路上碰到一个贫苦的农民，你仍旧会从他的眼神中感受到一种蔑视。这种蔑视不是嫉妒，也不是愤恨，而是真正的轻视！

这是因为在古代，各个封建王朝都一脉相承地奉行重农抑商的政策。农业是社会发展和人民生活最重要的物质来源，历来为统治者所重视。农民是辛勤耕耘、艰苦奋斗的楷模，而商业却被认为是倒卖转运、投机取巧的下层行当，商人则是不劳而获理应被罚款抽税的“寄生虫”。

这种“重农轻商”的思想在我国由来已久。公元前356年，商鞅于秦国变法，其主要内容之一就是重农抑商，奖励耕织，尤其奖励垦荒，还特别规定凡从事工商业和因不事生产而贫困破产的人，连同妻子、儿女没入官府为奴隶。西

延伸阅读

商鞅变法：战国时秦国的秦孝公在位时，卫国人卫鞅入秦，向秦孝公提出了一系列变法强国的发展策略，包括：废井田、重农桑、奖军功、实行统一度量和郡县制等，秦孝公遂任其为左庶长主持变法。经过变法，秦国的经济、军事不断加强，逐渐超越东方六国（韩、赵、燕、魏、齐、楚）成为最富强的国家，为五代后秦始皇统一六国打下坚实基础。卫鞅也因功被封地于商，故后世称之为商鞅或商君。

◇刘邦画像

刘邦（前256或前247—前195），字季，汉朝（西汉）开国皇帝，庙号为太祖，史称太祖高皇帝、汉高祖或汉高帝，是中国历史上以平民出身而称帝的第一人。

◇孟子画像

孟子（前372—前289），战国时期鲁国人。中国古代著名思想家、教育家，战国时期儒家代表人物。著有《孟子》一书。继承并发扬了孔子的思想，成为仅次于孔子的一代儒家宗师，有“亚圣”之称，与孔子合称为“孔孟”。

◇黄宗羲画像

黄宗羲（1610—1695），明末清初经学家、史学家、思想家、地理学家、天文历算学家、教育家。学问极博，思想深邃，著作宏富，与顾炎武、王夫之并称明末清初三大思想家，被称为“中国思想启蒙之父”。

汉建立后，汉高祖刘邦“乃令贾人不得衣丝乘车，重租税而困辱之”，规定商人不得穿着象征高贵身份的丝质衣服，出门行走只能步行不得乘车，并对商人征收很重的租税来羞辱他们。儒家亚圣孟子也把商人叫做“贱大夫”，而所谓“士、农、工、商”的古人就业之道，就把商人列为四民之末，是古代社会职业分工中最受歧视的一层。

而从明中期以后，商品经济不断发展，在某些手工业部门中渐渐产生了资本主义萌芽，一些大商业资本及商帮集团开始涌现并且壮大，商人逐渐摆脱了受歧视的地位。明末，著名思想家黄宗羲提出“工商皆本论”，认为应该把手工业和商业与农业的地位等同起来，因为它们都是满足社会发展和人民生活的本源行业。清初，颜元学派主要成员之一的王源更是主张提高商人的社会地位。他说：“本亦重，末亦不可轻。假令天下有农而无商，尚可以为国乎？”由此可见，明清之际抑商思想开始受到冲击，“重商”之风逐渐蔓延，社会风气及人们的价值观念、价值取向开始发生变化。

到了清代雍正帝时，山西巡抚刘于义上奏说："山右（即山西）积习，重利之念，甚于重名。子弟之俊秀者，多入贸易一途，其次宁为胥吏。至中材以下，方使之读书应试。"山西人的子弟竟然重视商业利润而轻视一贯被看做正道的仕途，让资质优良的去经商，资质不高的才去考取功名为官做吏。这一风俗在当时社会看起来非常可笑，就连雍正帝都在刘于义的奏疏上回批道："山右大约商贾居首，其次者犹肯力农，再次者谋入营伍，最下者方令读书。朕所悉知。习俗殊属可笑。"山西俊秀之士弃仕从商可笑与否姑且不论，但读书求官、金榜题名在晋人眼中失却往日诱人的魅力却令人深思。

山西人"重商"的习俗与山西人的价值观念及价值取向有密切关系。晋人通常认为，正当的商业活动与为人师表的士大夫生活相比，在道德方面毫不逊色。商人和士大夫在崇尚"义"的方面只是实践方式不同而已，商人"利以义制"，只要是基于道义的牟利行为，就完全符合道德准则。这种客观看待经商致富的社会舆论，使人们在冲破预想不到的困难去开辟广阔市场时得到了精神支持，从而使山西经商之人子孙相继，绵延不绝。

延伸阅读

山右，山西省旧时别称。中国古代地图坐北朝南，正好与现在的地图相反，即标示方位为上南下北，左东右西。山西省地理位置在地图上为太行山的右方，故称山右。

三、经济大势，商业兴兴

随着封建社会生产力的发展及农产品剩余的增多，唐宋以来商品经济出现了大发展的趋

势，全国性的市场圈也逐渐形成。物质产品的极大丰富，不仅刺激了统治阶层对奢侈品的需求，也刺激了人民大众对多种日常用品的需求，为商业的繁荣打下了基础。

明朝建立之后，统治者为了稳定和巩固其统治，对农民、工商业者采取了一系列让步政策，诸如兴修水利，奖励垦荒，移民屯田，推广桑棉种植，减轻商税，田赋及徭役，严惩贪污等等，从而推动了生产的发展，促进了商品的交换，使经济活动空前活跃。同时，由于全国水陆交通的进一步发展，商品交换突破了地域限制，商业资本也冲出了自然经济形成的地方性藩篱，大批手工业商品和农产品进入了更加广阔的市场。明中叶以后，从事商业的人口不断增加，以至全国商业规模之大、商人活动范围之广、商业资本之雄厚，都大大超过之前的历史阶段。

商业资本的活跃，必然刺激社会分工的进一步扩大和对自然经济的进一步排挤，以工商业发展为基础的城镇随之出现并逐步繁荣。这一时期全国出现了 50 多个较大的商业城市。其中，在山西境内的就有太原、平阳（今临汾）、蒲州（今永济县蒲州老城）、潞安（今长治）、大同 5 个城市。

此外，经营商业的丰厚利润也是驱使山西人弃政从商的重要动力。经商比务农、做工可获取更大的其他行业难以企及的物质利益。以《山西金融志》中的资料为例，祁县乔家票号大德通每股分红：1892 年为 3 040 两，1896 年为 3 100 两，1900 年为 4 224 两，1904 年为 6 850 两，1908 年为 17 000 两。而据光绪年间《寿阳县志》记载：雍正四年（1726）定例，一个七品县令的年俸加上养廉银，每年不过 1045 两。与做官两相比较，经商不仅利润丰厚，而且若经营得当，利润还会逐年递增，比为官的固定俸禄更具诱惑力。虽然清代有“三年清知府，十万雪花银”的民谣，但是利用职权贪赃枉法，受贿发财，要冒一定的政治风险，稍有闪失，便锒铛入狱，甚至招来杀身之祸。相比之下，经商的投资风险小多了。因此，晋中一带流传有“生子有财可作商，不羡七品空堂皇，好好写字打算盘，将来住个茶票庄”的民谣。可见，晋人多弃仕从商并不是心血来潮玩个性，而是经过缜密分析个中利益之后的抉择。

第二节　兴盛第一炮——盐商

明以前，山西人经商的规模并没有优于国内其他地区，与江南地区相比还相差很远。晋商的崛起，始于明初《开中法》的实行。借此机会，晋商利用毗邻北部边镇的地理优势和晋南河东地区的池盐资源，走南闯北做起了食盐生意。终于，山西第一批大商人就出现在山西盐商之中。盐商的兴盛带动了粮食、茶叶、典当、铜铁等等晋商各行业的兴盛。所以，盐商无愧于晋商发轫之端！

关键词：河东盐湖　开中法　贸易四方　政策变化　“朋合制”　垄断盐业　蒲州张允龄家族

一、自然玉成

在山西，有我国最著名的池盐产地，运城盐湖（又名“解池”“河东盐池”）它坐落于中条山的北麓，面对黄河由北向东的转弯处，东西长约 30 千米，南北宽约 3—5 千米，面积约 130 平方千米。运城盐湖位于东经 110°50'00"—

运城盐湖

110°7'30"，北纬 34°54'00"—35°04'00" 之间，属季节性气候带，夏季气温高，多东南风，风速为四季之冠。夏季南风使解池的盐水加速蒸发，凝结成盐。

运城盐湖与俄罗斯库楚克盐湖、美国犹他州大盐湖并列为世界三大盐湖。湖水盐的比重要比普通海水中盐的比重高出六倍，任何水生生物都无法在其中生存。盐湖中汞、铅、镉等重金属含量均低于以色列的死海，而钠、钙、镁等元素却比死海要高。

形成于新生代喜马拉雅山构造运动时期的运城盐湖，距今已有 40 000 余年的历史。百里盐湖，浩浩荡荡，犹如一颗灿烂的明珠，镶嵌在巍巍中条山下。在古老的中国盐业史上，运城盐湖留下了辉煌而重要的一笔。这个封闭的盐类湖泊，还为国人造就了取之不竭的矿业资源。无论是沈括的《梦溪笔谈》、柳宗元的《晋问》，还是众多大家的专著中，都留下了对运城盐湖的详细记载和由衷赞美。

这里有太湖般浩渺的壮阔，也有万亩碧绿、芦苇荡漾的湿地和山高林密、鸟鸣境幽的“凤凰谷”相伴，不论是初夏深秋，还是早春严冬，在这里你都会看到不同景致的盐湖风光。那一池池积雪般的盐、硝，那一座座矗立于湖

游人漂浮在有中国“死海”之称的运城盐湖上

中的银岛，向人们展示了一幅幅绮丽的景致。

运城盐湖已经有三四千年的产盐历史，从上古时期就滋养哺育着山西人民。在原始部落时代，生活资源十分缺乏且分布不均，食盐是人们得以健康生存的必需品，在生产生活中占有重要地位。有资料证明，山西南部中条山麓的池盐在尧舜禹时期就已经是氏族部落之间进行交换的重要物资。为了掌控池盐这一重要战略物资，尧、舜、禹分别把其统治中心或帝都建立在现今山西南部的临汾、运城等地。自此之后，华夏民族在山西南部到河南北部这块地区繁衍生息，茁壮发展，才有了5 000年辉煌灿烂的中华文明。

到了春秋时期，《左传》中就有了开采山西南部池盐的确切记载。盐池不但历史悠久，而且在统治者的心目中，地位十分重要。汉代时，曾在全国20郡设盐官30名，而管理这片盐池的官员为全国盐官之首。

由此可见，河东盐池一直以来就是山西经济得以兴起发展的重要自然资源，是大自然赐给山西人民的无价之宝。

二、“开中”引路

元朝是中国历史上的一个短命王朝。它在“挑动黄河天下反”的农民起义中于1386年“寿终正寝”。蒙古族退回到祖先创业的故土后重操旧业、骑射游牧，从而恢复了金戈铁马、风驰电掣的活力。他们散而复聚、重整旗鼓，不断骚扰北边，使朱明王朝大伤脑筋。为了巩固塞北边陲，明朝以新兴国力为后盾屡次出塞远征，但总是事与愿违。

后来，明政府在北部边境设立了九个屯兵重镇，即辽东、宣府、蓟镇、大同、山西、延绥、宁夏、固原、甘肃。此九镇史称“九边”，每边均有数以万计的兵马驻守，共驻扎约 80 万军队，从而形成一个很大的军事消费区。80 万大军再加上边地本有的草原居民，总人口岂止百万。人们要吃饭穿衣，马匹要草料鞍鞯，军队要装备，而边塞地区自古以来就不是粮食产区，只有草原民族放牧的马匹牛羊，更别说其他的生活生产物资了。

为了解决北部边镇的粮饷问题，朱元璋推行屯田，规定边镇军士由政府划拨空闲荒地，配给耕牛、农具、种子等生产资料进行垦殖。但是，由于北部边镇地处高寒地带，产粮无多，无法满足几十万兵马所需的大量粮饷、布匹、草料等军用物资，因而明政府每年还得拨运物资供应边防。具体办法有民运粮、纳粮中盐、京运年例银等数种。民运粮多由山东、河南、山西、陕西等省农民输纳。这对农民来说是一项沉重负担。它不仅妨碍农民耕作，而且转运费用常常超过正粮的一倍以上，贫苦农民往往因之倾家荡产。

为了节省民力与运费，洪武三年（1370）

延伸阅读

京运年例银：明朝时，边疆地区驻军数量庞大，屯田、民运粮等方法都无法补足缺口，只有每年从京城拨付银两运送至边疆来弥补军费，渐渐形成惯例故称为京运年例银。

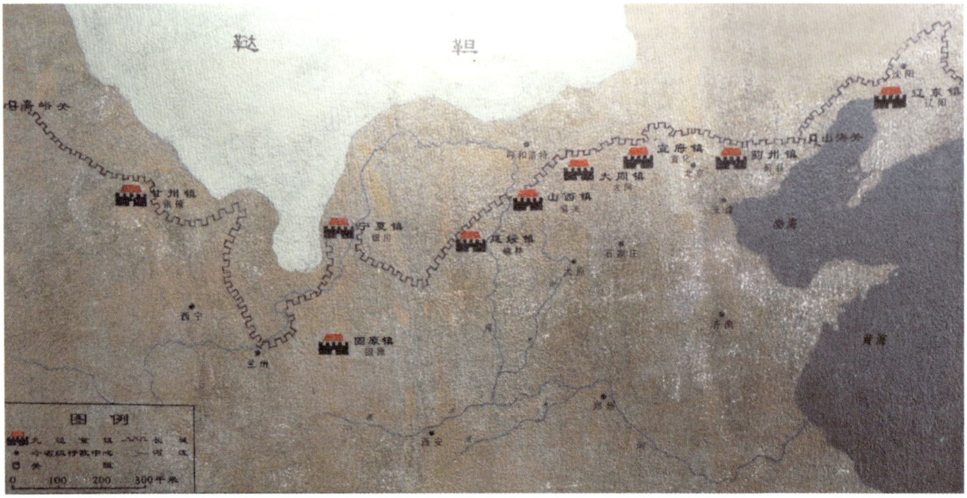

明代九边重镇图

始创“开中法”。“开中法”是明朝政府利用国家所控制的食盐专卖权，让商人运粮实边，以解决北部边镇粮饷供应的一种办法。它规定商人只要把粮食运到边境粮仓，便可向政府换取贩卖食盐的专用执照——盐引，然后凭盐引到指定的盐场支取食盐，再到政府规定的销盐区去销售食盐，获取利润。这样既解决了军饷问题，又给内地商民以牟利养生之机，一举两得。

盐在中国历史上本是一个长期被政府垄断经营的对象，汉代与唐代都曾把垄断盐利作为增加财政收入的重要手段。“开中法”的实施相当于给了山西

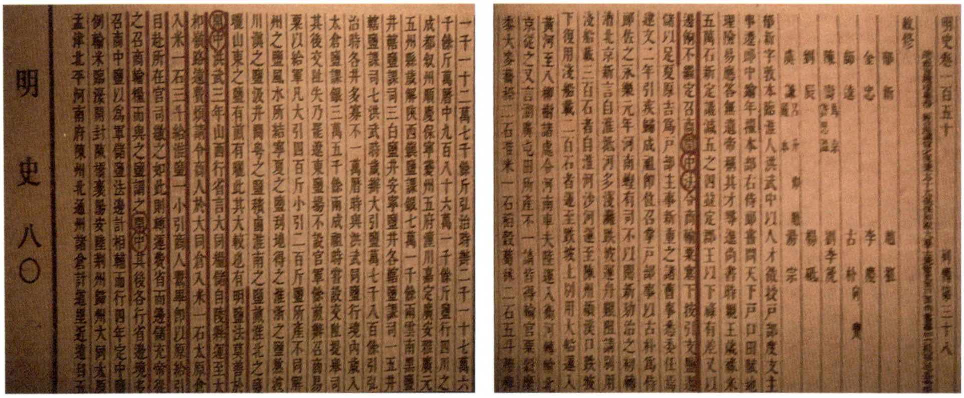

《明史》中有关《开中法》的文字段落

《开中法》实施前，往边镇运输给养成为朝廷的沉重负担。《开中法》实行后，民间商人把粮食运送到政府指定的边镇，再由政府颁发给“盐引”（食盐专卖许可证），获得国家垄断的食盐专卖权。

盐商一个获得盐业垄断经营权的绝佳契机。山西毗邻边防之地，并且有中国最古老的产盐区之一——河东盐池，正可以得地利而行实惠，山西盐业便借此机会飞速发展起来。

三、南征北"注"

"开中法"虽然为晋商兴起提供了机遇，但是山西本地的粮食产量并不高，而"开中法"却正是以向前线输纳粮食的方式来换取卖盐的特权。没有粮食就拿不到盐业的经营权力，而当时晋商手中显然缺乏大量屯集粮食的条件，因为粮食恰恰是山西最缺乏的农业产品。那么晋商如何解决这样一个难题呢？答案是：出省弄粮。

明嘉靖年间的内阁大学士张四维的父亲是著名的山西商人，叫张允龄。他早年丧父，生活的艰辛使他不得不在十五六岁时就踏上商旅生涯。张四维在自己的文集中谈到父辈早年的艰苦经历时说道："吾蒲介在河曲，土陋而民伙，田不能一援，缘而取给于商，计春挟轻资牵车走四方者，十室九空。"这段文字虽然很短，但它不仅谈到了晋商最初的经商动机，而且还向我们透露出晋商在当时是怎么做生意的。"挟轻资牵车走四方"，实实在在地记录了当时晋商的事业是如何开始的。

山西没有多余的粮食，但与山西隔河相望的河南，再往南的山东，都是中国重要的粮食产区。于是山西人开始推着小车，担着担子，将中原、江南的粮食运往北部边镇。在这种贸易中，不利的自然条件和人口压力开始转化为得天独厚的优势。多余的农业人口，恰恰成为传统社会中从事长途运输所必需的劳动力。认准了目标的山西商人推着木轱辘小车，载着沉重的粮食和盐，在崇山峻岭中穿行。行路之人不但要忍受难以想象的艰难，还要耐得住寂寞，耐得了思乡之苦。这是晋商迈向成功的第一步，正是走向富裕的信念支撑着他们。

山西商人们或往边镇贩运粮草、铁器、茶叶以换盐引，或于边地雇人垦荒种地（即商屯），把收获的粮食就地纳仓以换取盐引，迅速获取厚利。史称："延绥镇兵马云集，全赖商人接济军需，每年有定额，往往召集山西商人，领认淮浙二盐，输粮于各堡仓给引，然后前去江南盐运使司，领盐发卖，大获其利。”此外，在长芦、河东盐区，山西商人也有很大势力。北部地区的商品买卖，除必要的粮食外，还有如棉花、棉布、盐、农具等日用品，甚至连火药的原料硝石、硫黄等也是通过商人贩运去的。《明实录》景泰四年（1453）十二月辛亥条中提督大同军务左副都御史年富的上奏中记述道：“山西、河南、正定、保定、临清等处军民客商往大同宣府输纳粮草军装，及贩马、牛、布、绢、香、茶、器皿、果品……”《明实录》弘治十四年（1501）八月壬申条巡抚大同都御史刘宇的上奏中也记述道：“大同十一州、县军民，铁器耕具，皆仰商人从潞州贩至……”

山西盐商的活动地域也从黄河北岸扩向淮河、浙江、扬州等吴楚之地乃至全国范围。在运司纳银制实行之前，他们的活动舞台主要为黄河流域的北方地区，到明中叶“开中法”改为“折色制”后，晋商大量地向淮浙地区移居，足迹遍布大江南北。例如，平阳府商人席铭“历吴越，游楚魏，泛江湖，懋迁居积，起家巨万金，而蒲称大家，必曰南席云”。张四维在《贺洛川陈君恩赐荣亲序》中记述碧山公的经商范围时称:“自甘鄯、银绥、云中、上谷、辽左诸塞沿以内，若秦、燕、青、豫、阳、吴、蜀、楚，通都大邑，凡居货之区，莫不有碧山公使矣。”可以说西起西域，东到辽东，南至岭南，北迄漠北的广袤土地上都有晋商在活动。同时山西商人还把自己的势力伸展到海外，向日本贩运人参。“崇祯壬午冬，有贾舶私贩日本，携人参值十万金……其贾多晋人。”

此外，山西盐商经营项目亦逐渐增多。他们除经营盐、粮、丝、茶外，举凡军民用品无所不营，盐米、棉布、铁器、丝绸、木材、瓜果、金融、典当、牛马牲畜、香料草药、陶瓷器皿应有尽有，形成种类繁多的各色商人。

四、与“势”俱进

“开中法”推行后，山西盐商发展迅速。但事物是不断变化的，同样，“开中法”也发生了变化，改纳粮换盐为纳银换盐（即“折色制”）、余盐添买制和十大纲商的确定作为“开中法”的后续，这些均在山西盐商垄断盐业的道路上起到了重大作用。

1. 开始“折色”。

“折色”，就是把原来该交的粮食折换成银子来上交，而这里就是指变纳粮换盐为纳银换盐。随着时间的推移，战事渐渐平息，边镇作为军事驻地的功能逐渐被商业贸易中转站的功能所取代。“开中法”的实施使得运到边疆的粮食逐渐增多，慢慢地超过了军队所需。按照“开中法”的规定，要把粮草交到指定的边仓来换取盐引，但现在看来，缴纳的东西应该改一改了。

大明的天顺、成化年间，明政府在推行纳粮开中的同时又准予纳银开中，只需要把银子交到各地盐运司就可以换取盐引。后来，在盐运司，纳银制逐渐成为“开中”的主要形式。这些纳于盐运司的银两被运到户部的太仓库，作为京运年例银的一部分去支付边境的需要。随着民运粮中纳银的比例逐渐增加以及京运年例银的支付，北部边塞地区的银货流通量多了起来，以银货为中心的边饷筹集体制也逐渐建立。

山西商人经过几代人的积累，很多都已经家底丰厚、财力充足。纳银子换盐引的政策出台后，他们不用再远程奔波到蒙古地区，在家门口就可以直接交钱领货，非常方便。这是一个进一步扩大山西盐业规模的契机，山西人善于把握时机顺应时势的优点便显现出来。原来以边境为其活动地的山西商人中，有一部分向内地，特别是向淮、浙方向移动，用换得的盐引去两淮盐场领取食盐再到各地进行销售。这些在各盐运司纳银领取盐引的商人便是所谓

古盐道运输独轮车

的"内商"，而继续留在边境地区纳粟报中的沿边土著商人便成为"边商"，两者的经营业务终于分化为二。山西盐商的活动区域不再只是局限于黄河北岸，长江流域的各个省市尤其是江浙一带也成为他们去开拓发展的新天地。

南方市场越来越广大，内商的日子也愈加滋润，但在北部边境坚持纳粮开中的边商日子却越来越不好过。《明史·食货志》中有记载："然赴边开中之法废，商屯撤业，菽粟翔贵，边储日虚矣。"大部分原来在边地做生意的盐商们都收拾家当搬回内地。既然只要交银子就能换得盐引再去换更多的银子，也就没多少人再运粮实边。由此，边商们能够买卖的粮食越来越少，粮价飞涨，库存空虚，他们能获得的利润也是江河日下了。随着人们不断向内地回归，边商的实力大大削弱。

2."朋合制"的出炉。

为适应"折色制"实行后的新形势，晋商在明代中后期采取了边商、内商朋合营利，晋商得大头，土著商人获小利，合作经营。明人庞尚鹏《清理延绥屯田疏》称："间有山西运商前来镇城，将巨资交与土商朋合营利，各私立契券，捐资本者，计利若干，躬输纳者，分息若干，有无相资，劳逸共济。"资本雄厚的山西商人，将资本交给当地土著商人，互相间立有契约，规定出资者获利若干，屯田出力者分息若干，有资者和无资者、有力者和无力者互相合作，优势互补，利润共享，劳逸共济。

延伸阅读

《明史》，二十四史中的最后一部。康熙十八年（1679），以徐元文为监修，开始纂修明史。于乾隆四年（1739）最后定稿，进呈刊刻。全书记载了从明太祖洪武元年（1368）到明思宗崇祯十七年（1644）共277年的明朝历史。

这种朋合营利的形式是一种跨地域的资金和劳动力组合的经营形式，胜过单独经营。这是晋商根据边塞地区银货流通量增加和开中纳粟制解体等经营环境的变化而积极主动进行制度创新和制度选择的结果，从而扩大了晋商的发展空间，也在一定程度上增强了山西商人的竞争力。

3.“余盐添买制”。

为了应对“开中法”后期实施上的弊端，明政府出台了“余盐添买制”，其效应却是给边商以沉重打击，而给内商一个扩大利润的好机会。明政府规定，生产盐的灶户要将超额生产的余盐全部交官，不许个人私贩。后来余盐开禁，可以进行私人买卖，官卖制度逐渐取消，商人与灶户之间便建立了直接的贸易往来关系。

嘉靖二十九年（1550）明政府与蒙古的紧张局面达到了顶点，“在边开中”又开始大规模实行起来，要领到盐引，必须在北部输纳米粮或银货。而且，在入边时，还要添购与正盐相等或多一倍的余盐。这对于缺乏资本的边商来说，是一个沉重的负担，造成了能领到盐引却没有足够资金添购余盐的局面。而另一方面，内商在实行“在边开中”后，已无法取得盐引，当然也无从支盐，手里有钱却搞不到盐引。于是，“余盐添买制”及“在边开中”的实行，成了促使边商与内商之间转卖盐引的契机。内商通过贱价收买边商的盐引，坐收巨额利润，一部分拥有雄厚资本的内商遂成囤户，愈加富有。

4. 垄断盐商的春天。

由于内商和边商之间倒手买卖盐引，时间一长，很多盐引就出了问题。内商搞到盐引然后去盐场支盐，却发现没有那么多盐可以支取，但花钱买的盐引也不能白扔，于是就在盐场登录注册，记清楚有多少盐该支取却没支，以后再来支。这么一来二去、长年累月下来，支盐欠单越积越多。据袁世振《两淮盐政编·纲册凡例》记载，当时已经纳银但尚未支盐的盐引约 200 万引。

为了疏清旧引，明政府把持有盐引的商人划分为 10 纲，每纲盐引皆为 20 万引，以圣、德、超、千、古、皇、风、扇、九、围 10 个字命名。每年对其中 1 纲的旧引支盐，对其他 9 纲的新引支盐，以 10 年为期，把旧引完全疏清。明政府还按纲编造纲册，登记商人姓名及其持有旧引的数量，并发给各个商人

作为窝本，规定疏清旧引后，按纲册所记旧引数目分配新引。册上无名者即没有领取盐引的资格。也就是说,不入商纲者不承认其盐商资格，未领有纲册（窝本）者，不分配盐引。

纲法的实行，为窝本的拥有者开辟了垄断盐引的道路，造成了盐商进一步垄断市场的结果。而且，名列纲册者大多是拥有巨大资本的商人,特别是“折色制”实行以后迁至两淮地方、从套购盐引中获利巨大的那部分内商，很多山西盐商就在其中。拥有大量盐引的山西纲商又获得一把扩张势力、垄断市场的“杀手锏”，他人难以染指盐利。特别是那些列于仕榜的官商之家，以官职为护身符“惠泽”宗族、亲戚。

五、终成大局

在“开中法”的实行及演变过程中，一部分山西盐商获得了巨额利益，成为拥资数十万乃至百万的富商。当时，只有新安商人可与晋商分庭抗礼。“富室之称雄者，江南则推新安，江北则推山右。”明朝的许多史籍文献、文人笔记中也都或多或少涉及了当时晋商的财富状况。明朝嘉靖年间内阁大学士严嵩的儿子严世潘曾与人说起，“天下富家，积资满五十万以上，方居首等”，结果当时全国共有十七家列入，其中山西就有三家入选，徽州则有两姓。明人沈思孝也在其著作《晋录》中称赞道：“平阳、泽潞豪商大贾甲天下，非数十万不称富。”

延伸阅读

《晋录》，明沈思孝(1542—1611)撰。所载多边障形胜及防守扼要之处，其《田赋》《盐课》诸条，与《明会典》亦略有同异。至叙黄河所经州县及太原晋祠，则大抵习见之文，无足以资考证。

晋商势力向四方辐射，特别是进入两淮后的活动甚为引人注目。他们不仅在当地从事盐业，还积极办理迁居、入籍手续，扎下大营，成为两淮盐商和扬州盐商集团的一部分。其子孙在家族财力的支持下攻读学业，成为官僚或学者而声名卓著。因此，明人王世贞说："晋多大鹾贾。"这里的"鹾"就是盐。山西盐商多拥有巨大资产，是山西商人中最成功的一个集团。作为两淮盐商的他们之所以能在资力上压倒其他商人，和他们在盐商界占据垄断地位是分不开的，而垄断是当时获取最大利润的条件。

总之，明清时期山西盐商的经营规模在不断扩大，活动范围遍及全国。他们在"开中法"实施的过程中招民垦种、输运粮草，贩卖农具或军需产品，对巩固边防、开发边疆作出了贡献。他们在长期的贩运贸易过程中，不仅积聚了大量资本，而且促进了地区间的经济联系，扩大了市场，对中国资本主义萌芽起了积极的推动作用。如九边之一的大同，原是风沙遍地、人烟稀少的边镇，由于以晋商为主体的商人大量前往，很快货物汇聚，"繁华富庶，不下江南"。

六、盐商望族——蒲州张氏

在众多盐商中，平阳蒲州（现山西永济）籍的张允龄家族堪称官商世家、盐业巨子。张家先是以商起家，后又成为官商结合、显赫一时的家族。追本溯源，张氏的祖先原本居住于解州盐池的南端，直到元朝，张思诚为避开战乱而举家迁徙到蒲州。从此以后，张家便在蒲州这片土地上繁衍开来。从张思诚开始到张允龄，张家经历了七代，虽香火不断，但真正迈出家族辉煌历程第一步的，是张允龄这一代。

张允龄的祖父早逝，祖母雷氏矢志守寡，没有半句怨言。不幸的是，张允龄出世没多久，其父亲便与世长辞。张允龄的母亲解氏是一位坚强而自立的女性，带着两个年幼的孩子，还要操持家务，里里外外，打理得井井有条。性情稳重的张允龄从小就随母亲掌理家政，熟悉各种人情世故，也清楚地感受到生活的艰辛。当他长大后，便进入商界，通过做生意来支撑门户。在20

多年的劳苦奔波中，张允龄西抵甘肃，南至安徽，往来于湖北和四川之间，后又北上河北，足迹踏遍半壁江山，为家族的复兴作出了巨大的努力。

张允龄之所以能够在商界取得成功，是因为他有高尚的道德情操和卓越的经商才能。虽说身在商界，他却视钱财如鸿毛，笃信重义，南北所至，为众商所尊敬、佩服。每每遇到大事，张允龄的判断往往准确无误，而且非常果断。大家在赞叹不已的同时，觉得他好像有未卜先知的能力。张允龄教育子弟极其严格，使张家在潜移默化中形成了严谨务实的家风。长子张四维在京城做官后，他还常常对儿子提起自己的祖母和母亲，要儿子将前世之苦铭记在心，懂得生活的不易。张允龄不仅尽到了做父亲的责任，而且是一位难得的好兄长。张允龄的弟弟张遐龄，结婚之后便开始经商，却未能取得多少成就。由于年轻气盛，他不甘失败，又南下广州，往来于南京、南昌等大城市之间。无奈却在六七年间耗尽资本，穷困而归。年迈的母亲临终前还在担心张遐龄的前程，怕他以后不能自立。然而，解氏的顾虑是多余的，作为兄长的张允龄非常爱护弟弟。在哥哥无微不至的照顾之下，张遐龄逐渐成熟起来，并跟随哥哥一起从事贸易活动。张遐龄性情坦率，从不斤斤计较，兄弟二人感情甚好。

张四维画像

张四维（1526—1585），明嘉靖、万历时期重臣，是明代晋商家族著名的代表人物。他入仕后对边疆的稳定及贸易繁荣作出了重要贡献，官至吏部尚书、内阁大学士。

张家在张允龄、张遐龄一代确实增加了不少资产，而真正步入官场则是从张允龄的长子张四维开始的。张四维在嘉靖三十二年（1553）考取进士，曾任职编休、翰林学士、吏部侍郎。蒙古俺答汗需要与明朝议和开市，张四维与王崇古结交大学士高拱、张居正，最终促成了议和开市。在张居正当政时，张四维更是没有中断这层关系，逢年过节，送礼不绝。由于关系甚密，在万历三年（1575），他得到张居正的引荐，被封为吏部尚书兼东阁大学士。到万历十年（1582），张居正死后，张四维还曾出任内阁首辅，终因第二年父亲去世而隐退。

张四维的弟弟张四教没有像兄长那样步入官场，而是从16岁起便随同父亲走南闯北，踏上风险颇大的经商之路。在跟随父亲经营长芦盐业期间，张四教便充分显示出在经商方面的天赋。后来，由于哥哥登科出任京官，父亲张允龄也举家迁居到京师。从那以后，张氏家业就全部委托给了张四教。由于有跟随父亲经商多年获得的宝贵经验，张四教非常熟悉盐务的分布、调度，再加上他个人的真知灼见，一年下来，业务进行得相当顺手，资产比年初翻了十番，可谓大获成功。张四教不仅生意做得好，而且胸襟宽广、乐善好施，进一步巩固了张家的家风。

张家能够成为名门望族在很大程度上还得益于他们的姻亲大多是商人和官宦之家。正是由于既有官方的支持，又有四通八达的商业网，张家的生意才越做越火。现在，让我们来看看张家的姻亲关系，只有了解了这些关系，才能真正明白这个官商大户的根基在哪里。张允龄的妻子王氏是兵部尚书、宣大总督王崇古的姐姐。张四维的姑父沈廷珍是大盐商。张四维二弟张四端的妻子李氏同样也是出自经商世家。除此之外，张四维五弟张四象的妻子王氏的曾祖父王宾也是商人。由于王氏早逝，张四象续娶范氏，范氏的祖父范世逵是非常著名的盐商，其祖辈范永斗更是被皇上赐宴的赫赫有名的八大皇商之一。张四维的儿子张定征，娶的也是曾任兵部尚书的杨溥的孙女。另外，张四维的女儿后来嫁给了内阁大臣马自强的儿子马谆。马自强的弟弟马自修也是陕西的大商人。

在张家错综复杂的姻亲关系网中，上至达官显贵，下到普通商人，可以说张家和他们的亲戚相互扶持、相互利用，在和谐的氛围中为各自创造了可观的利益，也进一步壮大了家族势力，提升了家族地位。

第三节　军国后勤——山西粮商

“开中法”的实行，既给了山西商人从事盐业的机会，也赋予他们从事粮食运输和贸易的责任，因为“运粮换盐引”正是“开中法”的中心思想。于是，山西商人又从各地收购粮草运销至北部边镇，同时也在边地垦地开荒实行农耕，不仅促进了各省间粮食的调运往来，也为北部地区的发展作出了巨大贡献，更为后世子孙积累了丰实的物质和精神财富。

关键词：军粮短缺　屯田制　贷金制　伙计制

一、兵饷紧缺，运粮实边

兵马未动，粮草先行。军粮，是军队后勤保证的根本。吃不饱饭还怎么打仗？但在明朝初期的北部边境地区还真有好长一段时间，士兵的吃饭问题让朝廷头痛不已。

明初时，边疆九镇屯兵约有80多万，配备军马30多万匹。另外，明朝军队实行的是职业军人制度，当兵的也可以在驻兵区携带家属、养妻生子。所以，在驻军地区，士兵及其家属总人数可能要超过百万。这么庞大的人口数量和马匹数量需要的粮饷可不是个小数目。黄鉴晖先生依据《明史·食货志》以及其他相关材料的记载，统计出仅仅在明朝永乐年间，每年要支出的粮食就要153万多石，各项费用支出多达587万两。

为了解决这一难题，明太祖朱元璋先下令在驻军地区实行屯田制，由士兵自己种粮食。他规定，军士由政府划拨空闲荒地，配备耕牛、

延伸阅读

屯田制：我国古代历代王朝为解决军队粮食短缺问题而实行的一套办法，由政府组织士兵或农民耕种国有土地或荒地，收取田租来充实军粮，分为军屯、民屯、商屯三种。这一措施出现于秦、完善于汉，最终形成于曹魏。

农具、种子等生产资料进行垦殖。但由于边镇地区气候寒冷，一年只能产一季稻麦，难以满足军队所需，所以大部分的军粮还得依靠从外地调拨，于是，运粮的任务就被强加到农民身上。

民运粮是由华北各省，即北直隶、山东、河南、山西、陕西五省向北边输送的税粮。据梁材《会议王禄军粮及内府收纳疏》中记载的数字，嘉靖初年，每年宣府的屯粮为 6.232 万石，民运粮为 74.5273 万石；大同的屯粮约 12.46 万石，民运粮为 28.9673 万石。从这些数字可以看出民运粮在当时的军粮中占了多么大的比重。

但是，民运粮说起来简单，做起来就没那么容易了。为了交纳和运输政府规定的粮食，农民付出的代价是非常巨大的。在《明实录》中有这样的描述："道路一千余里，民苦挽运，负欠累年。"人们运送粮食常常一来一回就得几个月，常常使得农民耽误了农时，无法耕种。道路上的花销也很大，吃穿住行都要花钱，并且农民运粮时常是全家老小都出动，真可谓劳民伤财。当时的人曾描写道："（农民运粮）徒步千里，夫运妻供，父挽而子荷，道路愁怨。"

到了后期，运费快速上涨，对贫苦农民来说更是苦不堪言。民运粮的增加，不仅加重了华北地区农民的负担，而且由于当时交通和运输工具落后，也时常不能按时送达而致使军粮不足。

鉴于运粮支边道路遥远、运输艰难且运费昂贵，一些地方的农民想出了新招，他们不直接

延伸阅读

《明实录》，明代历朝官修的编年体史书。记录明太祖朱元璋到明熹宗朱由校共十五代皇帝的史实，逐年记录各个皇帝的诏敕、律令，以及政治、经济、文化等大事。《明实录》保存了大量的原始资料，具有重要史料价值，是研究明代历史的基本史籍。

延伸阅读

清朝共有 18 省（江苏、安徽、山东、山西、河南、陕西、福建、浙江、江西、湖北、湖南、广东、广西、云南、贵州、直隶、四川、甘肃），在东北地区设奉天（盛京）、吉林、黑龙江，外蒙古设乌里雅苏台，新疆设伊犁 5 个将军辖区。西藏、西宁设办事大臣辖区（办事大臣驻甘肃西宁府，辖青海地方）以及由中央理藩院直接管辖的内蒙古盟旗。

把粮草运去，而是将其他比较容易运输的物品诸如布、茶、农具等运到交粮草地方的市场卖掉，然后再用换来的钱购买粮草上交军粮。在《明实录》宣德二年十一癸巳条中就记载道："巡抚陕西隆平侯张信等言：'陕西西安、凤翔诸府岁（每年）输粮于宁夏、甘肃、洮河、岷州诸卫，道路险阻，运致为艰。民往往赍金帛，就彼市纳。'"这里的"民往往赍金帛，就彼市纳"就是指农民们运送金银布匹去边境的集市上换粮交纳的场景。

这种纳粮的办法不仅广为民间使用，也特别得到官府的首肯。《明实录》宣德五年十月癸酉条记载山西布政司拟定的"转输事宜六条"，其中一条规定："山西岁纳大同、宣府之粮，宜（应当）征民间所产有，度边境所宜用，若布、绢、棉花、茶、盐、农器等物，估其时值，十分减二，运赴边上，令掌收粮官，辨验酌量，市米上仓。"政府鼓励直接在山西民间收购棉布绸绢、茶叶食盐和农具，运送到边境去换粮纳粮。这为山西商人投资粮食市场开了绿灯，同时也给了贫苦农民一个好消息："大家不用再往边镇跑了，因为有专业的粮商可以替你去边塞做粮草生意。"

此外，"开中法"鼓励商人们去运粮换引，贩盐得利，这在更大程度上刺激着山西商人走出去做粮食生意，因为与布匹农具相比，贩盐的利润丰厚多了。自此以后，山西商人就成群结队、赶牛驾马于直隶、山西、山东、河南、陕西等华北诸省购粮实边。

二、多途获利

山西粮商在边境市场大做粮食生意，获利丰厚。从正统八年至天顺四年（1443—1460）的17年中，仅《明实录》记载就有八次拨银72.89万两分别给辽东、甘肃、宁夏、延绥、大同、宣府等边镇购买军粮。若按当时1两银购米2.5石的价格计算，这些白银可购粮182.225万石。这个数字仅为边镇军粮的补充，而远非边镇17年间在市场上购粮的总计。由此可以推想，当时边镇粮食交易的规模十分可观，山西粮商作为边镇粮食市场的主要经营者，所得利润便可想而知。

总结起来，他们获利的途径主要有三条：

1. 种粮售粮。

山西商人在边镇地区投资粮食生产，吸引内地大批无田耕种的农民“走西口”，在边关开荒种地。然后以其所得粮米售与收粮司，换得金银。这样，免去了长途奔波的辛苦，省下了数额不小的运费，也带动了边镇地区农业生产的发展，更增加了边镇地区的人口数量，可谓一举多得。

不过，其作用不止于此，现在内蒙古自治区、甘肃省、宁夏回族自治区等地的很多城市都是在晋商贸易的带动下形成的。例如，在内蒙古包头市，数百年来流行一句民谚：“先有复盛公，后有包头市。”这说的就是晋商在包头地区开办产业，吸引内地人口来此经商谋生，最终形成了现在的包头市。

山西商人为了获取粮食，换得盐引，不仅向移民提供耕牛，也提供农具和种子。《明实录》隆庆元年十一月辛亥条中有记录：“且军士之有屯田而贫不能耕者，商人则资以牛种，至秋成，计所得之息，分其粟而输之官。”《图书编》中也写道：“故屯兵始焉赖商人称贷，以便牛种之需，既焉因商人上纳，以收贸粟之利，农商两便，屯田所以日广也。”山西粮商在边地雇人种粮，为其提供各种农资，到收成之时再收粮并卖给官家和当地居民，从中获利。

还有一些商人利用黄土高原气候寒冷干燥的特点，在土崖上挖窑，封存粮食。谢肇淛《五

延伸阅读

复盛公：包头市最古老的商号之一，由山西祁县乔家祖先乔贵发和徐沟的秦姓老乡于1818年创立，1953年春结束。初时主营油、粮、米、面、草料、黄豆等，后扩大产业，有店训为：“不准吸食鸦片、不准讨小老婆、不准赌博、不准嫖妓、不准酗酒、不准虐外。”

杂俎》称："三晋富家，藏粟数百万石，皆窖而封之……常有藏十数年不腐者。"他们丰年时低价买进，荒年时高价卖出，获取厚利。

2. 远程运粮。

据《万历会典》中的"原饷额"记载，仅大同一镇的军饷，一年就要消耗屯田粮约 51.39 万石、民运粮约 41.886 万石。北方边关九镇一年所耗的粮饷达数百万石。然而，由于受气候、耕地等自然条件限制，单靠边关生产的粮食是远远不能满足几十万大军和当地居民需要的，其余的大部分粮食需要通过商人从各地贩运，才能勉强供给军需。

于是，山西商人从河南、直隶、山西、陕西等省向当地农民收购粮食，装车上路运往边地市场，再卖与当地驻军的收粮司而得利。其利润主要来自低价收购和高价卖出之间的差额。关于当时边境地区市场的粮食交易情况，吕楠的《赠秦宣府序》中称："夫宣府朝廷之北门也，直隶、河南、山东西之刍粟，皆输于此，两淮、长芦、河东诸盐商，皆业于此。"

此外，山西粮商不只往边镇运送粮食，也贩卖牲畜、布匹、水果以及各种生活用具，他们的活动不仅带动了北方诸省粮食贸易的发展，对当地其他行业的发展也形成了积极影响，融通了各种物资，盘活了北方各省的经济发展大局。

3. 从边地的地主、农户以及军功地主手中买粮换盐引。

为了筹措军粮并稳定驻边军队的军心，明政府允许并鼓励军人开垦荒地、生产粮食。据《国朝典汇》记载，明政府在永乐二年采取了奖励军人经营私人土地的政策："若官员、军兵家人自愿耕种者，不拘顷亩，任其开垦，子粒自收，官府不许比较。"这一政策的实行，致使北部边境地区的土地逐渐被权豪势要之家和高级军人所垄断。

他们还利用职权，驱使部下士卒为他们从事粮食生产。景泰五年叶盛在《劾内官弓胜疏》中指出："总兵镇守内外文武官员专一役占官军，广种庄田，多至千余，少亦百数……大官巨室千仓百廪，由是而应召纳粟，则关给官银；粜与盐商，则多沾重利。"《明实录》揭露：宣德年间，宁阳侯陈懋私役军士种田 3 000 余顷，还霸占民间的水利设施；镇守大同的参将曹俭在应州等地私占庄地 150 余顷，私役兵士 100 余人进行耕种。如此记载不胜枚举。他们将生产的粮食拿到市场上出售给商人，商人买进后交纳边仓，换取盐引。

4. 通过纳粮，获取盐引，以转手倒卖盐引或自己销售食盐获取高额利润。

“开中法”实施后，山西粮商在边镇的贸易进入了兴盛时期。其主要推动力就是换得盐引后可以销售食盐进而获得巨额利润。在我国古代封建王朝，产盐售盐是官办产业，其垄断利润极为丰厚。如果能获得食盐的销售权，就意味着能在占国库收入很大比例的盐税上分得一杯羹，可能成为豪商巨贾，更可以与封建统治阶层拉上关系，进而提升自己以及家族的社会地位。这对山西粮商的吸引力之大不言而喻。

三、巧妙经营

到边地开荒种粮、买卖米菜的山西商人在其经营过程中都会遇到很多困难。例如，边地土壤多为沙石土质，投资种粮的风险极大，可能一年过后才发现所种蔬菜麦果都无成活，投资失败，财产尽失。或者原本预测来年蔬菜瓜果会大受欢迎而投资在这方面，却最终发现还是面粉不够吃，于是小本亏尽。所以，在漫长的经商岁月里，山西粮商学会了另辟蹊径、保本寻利，利用巧妙方法来化解经营中遇到的危机并盈利丰厚。

1. 贷金制。

明初，由于山西商人规模小，其主要经营方式有贷金、独资等。独资即商人自筹资金做生意，贷金则是向别人立字据借钱来做生意。光绪朝《山西通志》中曾记载：“裴绅，善治生，贷资与人……蒲商某，假资贸易，被盗，惧不敢归。绅曰：金躯足矣，资何足云。”

贷金之所以比独资进步，主要在于实现了资金所有权与使用权的分离，从而便于商人扩大经营规模，同时也壮大了经商者的队伍，使一些没有本钱的人也可以做买卖。并且，当时票号还未出现，专业的贷款业务并没有在社会上广为流传，山西商人能够大胆贷款经营，不仅体现了山西人勇于创新、敢于尝试的性格，也体现了山西人的诚信，因为当时借贷并无法律规定限制，全凭个人的信用作为合作基础。

2. 伙计制。

明人沈思孝说："其合伙而商者名曰伙计。一人出本，众伙共商之，虽不誓而无私藏。祖父或以子母息丐贷于人而道亡，贷业者舍之数十年矣，子孙生而有知，更焦劳强作以还其贷，则他有大居积者，争欲得斯人以为伙计，谓其不忘死，咸得以为生。"所谓伙计制，是由出资者选择品行端正的人做伙计，付予资本，由他们去开荒种粮、经营逐利。伙计对出资者忠实地履行职责，如果祖辈或父辈做伙计时未能把资本和应得利润归还给出资者，其子孙后代要焦劳强作予以归还。因此，出资者争着要讲信义的人做伙计，他们认为其对故辈之事尚且不忘，更不会活着而昧良心。这样出资在前，获利在后，有资本和无资本者均可受益。由此可见，出资者与伙计之间是一种较为牢固的合作经营形式。

伙计制度其实就是现代私人企业雇佣制度的前身，只不过现代雇佣制度是直接让工人从事生产活动，而伙计制却是将资金借给伙计，让其自主经营，只要到期还本付息即可。从身份地位的关系上来看，伙计制更为人性化，东家与伙计之间只是借贷关系并无等级差异，而现代工厂中雇工与老板之间的地位关系却很有阶层差别的味道。

山西粮商利用新型的筹资方法和雇佣模式，既减小了自己的经营风险，又扩大了经营范围、疏通了人脉，使贫困农民也可以拥有一份属于自己的事业，正可谓一举而多得。

四、泽被后世

通过几十年甚至上百年的积累，在边镇从事粮食买卖的山西商人最终挣下了一片家业，为后世子孙留下了一份事业和艰苦奋斗、勤俭节约的精神。清末晋商得以名噪四方、蜚声海内外，与其先人的辛勤耕耘是分不开的。

山西祁县巨商乔家一族的创业先人乔贵发，早年曾是一个衣不蔽体、无依无靠的光棍汉。为生活所迫，他孤身一人背井离乡走西口，开始了艰苦的创业，到雍正年间他终于有了自己独资开设的字号。起初仅做蔬菜、粮油及杂货生意，后来逐渐发展到兼营钱当两行。到乾隆初年，在归化的商业规模已相当可观，除开设复盛公、复盛西两个当铺外，还经营复盛公粮店和复盛西菜园。乔贵发在归化苦心经营30年，为乔氏商业奠定了坚实基础。同时，

乔家大院

曹家大院

渠家大院

他也谆谆告诫后人不可以势压人，不准歧视穷人。至于纳妾、虐仆、嫖妓、吸毒、赌博、酗酒则更在严禁之列。

太谷县曹家的发家始祖曹三喜，明末清初因生计所迫，随人至东北热河省朝阳县谋生。他由磨豆腐、养猪起家，进而利用贱价高粱酿酒并开设杂货店，生意由此兴旺发达，逐步由朝阳县发展到赤峰、凌源及建昌。在业务方面，经营既广，获利更多，遂又出资在沈阳、锦州、四平等地开设杂货、酿酒和银钱业。当时所谓关外七厅，均有曹家的商业。清军入关后，曹家商号抓住机遇，发了一笔横财，商业资本大增，因而兴隆昌盛起来。

祁县渠氏也是由先人渠同海在包头经营粮食、菜油等起家的。他购地 10 余顷，并设庄“长源厚”，经营菜园、粮油、茶叶，兼做钱业生意。到清乾、嘉年间，其子渠映璜又增设了长源川、长顺川两大茶庄，从两湖采办红茶行销于西北各地及蒙古、俄国。传至渠源祯一代，渠家已积累了万贯家财，发展成巨商大贾。

由此可见，山西粮商在明至清朝中期 400 年间的辛勤耕耘，不仅为当时社会尤其是边境城市的发展作出了不可磨灭的贡献，同时也为后世晋商叱咤风云奠定了坚实的经济和精神基础。

第三章

清朝晋商全盛

历史的车轮总是在不断向前转动，任谁都无法阻挡。一句老话："顺势者昌，逆势者亡。"一项事业能否成功不仅仅在于从事者是否努力，更在于他的眼光是否远大，能否看清事物发展的方向而适时应势以取得更大发展。

1644 年，东北女真族建立的后金政权看准了明朝政府病入膏肓无可挽救，他们趁着李自成率领的陕西农民起义军攻入北京城之际，大举率军南侵，终于入主中原，建立了满清王朝。立国伊始，新旧事物、利益纷争纷繁复杂。幸好，眼光独到、智谋深远的山西商人在诸多变化中选择了正确的发展道路。利用清政府的需求和支持，利用有利的国际环境和优越的经济地理位置，奋发图强，大胆地走出这块平行四边形所框之地，南来北往、顶风冒雪，响驼铃跨茫茫戈壁，闻晨鼓入湘鄂闽苏，在中国大地和俄蒙日越的广大市场上指点南北、笑论江山，终得以建立庞大的晋商帝国，在清蒙贸易、赴日购铜，茶叶运输、经营典当、开办票号等各个领域取得成功，得以"执中国金融界之牛耳"，成为中国传统商帮显赫一时的商界翘楚。

第一节　深入不毛——清蒙置货

清朝统治者在国土北部的蒙古地区与各部落建立起了良好的和平共处关系。开放蒙古与中原地区的商品贸易，使内地商人可以名正言顺大张旗鼓地去蒙古内地进行交易，尤其对已经在沿边地区惨淡经营 200 多年的边地晋商来说，更是获得了一个扩大贸易的良机。他们深入蒙古内地，用茶叶、布匹、绸缎、粮米、药材等与牧民交换马匹牛羊、皮革等草原产品。著名的张家口、杀虎口就是乘着这股东风由一个军事驻地转变为云集了豪商巨贾的边贸重镇。并且，在众多的旅蒙商号中出现了几乎垄断蒙古贸易的“旅蒙第一商”——大盛魁。

关键词：杀虎口　汉蒙通商　商贸重镇　乡思别愁　张家口　汉蒙“马市”交易　中俄贸易　重要税关　八大皇商　大盛魁　旅蒙经商　经营有术

一、咱们都去走西口

1. 西口就是杀虎口。

一首《走西口》，两行辛酸泪，哥去天边谋生路，妹坐家中空把心儿牵碎，茫茫黄沙遮盖你的影，不知何年何月能再为哥缝补衣裤，把酒言醉……

西口，就是位于山西省右玉县城西北方的杀虎口，地处山西、内蒙古自治区两省和右玉、和林格尔、清水河三个县的交接处。春秋战国时称作“参合陉”或“参合口”，唐朝时称为“白狼关”，宋朝叫“牙狼关”，到了明代才改为“杀胡堡”和“杀胡口”，意思就是从这里出发向北去剿灭胡人的地方。清朝前期为缓和蒙汉矛盾，御赐更名为“杀虎口”。

杀虎口地形险要、群山环抱。它的北面是雷公山、庙头山，南面是咽喉梁。塘子山和大堡山扼守东西，两山坡陡壁立，相向对峙。万里长城沿山而下，由西北走向西南，似半月围墙将其环抱怀中。苍头河由南而北分九脉洞穿长城，通过中立铁柱的九龙洞源源出塞。而关内则构成一条长 3 200 米、宽 270 米的狭长走廊。由于它位于雁门之北，乱嶂重叠，崎路险恶，数水交汇，绾毂南北，

山西右玉杀虎口

故为晋北边塞的一大天然屏障。据《朔平府志》记载："长城以外，蒙古诸藩，部落数百，种分四十九族……而杀虎口乃至直北之要冲也，其地在云中之西，扼三关而控五原，自古称为险塞。"在中国历史上，秦汉伐匈奴，隋唐征突厥，宋抵契丹，明御蒙古，都要从杀虎口出兵北上，此处可谓兵家必争之地。

明代中期，中原和蒙古的对峙局势逐渐减弱，开始化干戈为玉帛。正统三年（1438）四月，大同镇开始设立马市，并且允许蒙古族到马市与汉族官民交易。但所进行的交易都为"一牛易米豆石余，一羊易杂粮数斗，无畜者或驮盐数斗，易米豆一二斗"，这种时断时续的小型贸易，难以满足汉蒙民族物质生活的需要。因此嘉靖中期开始逐渐左右塞外局势的俺答（即阿勒坦汗），从嘉靖十三年（1534）四月开始多次要求"封贡通市"，扩大经济交往。在张居正、王崇古等人的鼎力支持下，直到隆庆五年（1571）双方和议成功。俺答被封为顺义王，他以下60多个头目都被授以官爵。和平友好"封贡通市"的实现，平息了蒙汉双方多年的积怨，明朝从此边境战乱平息，东起延水，西抵嘉峪七镇，在数千里的广袤土地上军民得以安居乐业。

2. 军事要塞变成了淘金矿。

清朝时，满族统治者与蒙古贵族间关系融洽，汉蒙人民的贸易往来也愈加自由和频繁。蒙古族散处漠北，“人不耕织，地无他产”，以畜牧为业，无城郭之居，逐水草而止。因而，日用之布帛、茶叶、粮盐及针线等均依赖汉族地区供应。而汉族所需之牛马、毛皮也依靠蒙古族地区供给。中原与塞外地区的物质生产差异所形成的经济互补关系成为杀虎口商贸繁荣的基础，杀虎口也渐渐由军事重镇转为边贸中心。

由于山西商人追随康熙西征平叛，为清军购买粮秣，运送辎重，甚得将士赞赏，因此清政府便给予种种特权，允许晋商到新疆从事贸易，在蒙古伐木出售。从此，“雁塞晓天鸦影淡，虎关春雪马蹄寒”的边陲重镇杀虎口，依据其特殊的地理位置而成为蒙汉交易的集散地和旅蒙晋商的通道。年复一年，摩肩接踵、穿梭其间的商旅，成群结队南来北往的骆驼，首尾相接进出关口的牛车马队，配以车辚辚、马萧萧的奏鸣曲，衬以虎踞雄关的自然风光，构成一幅壮

古代集市街——平遥古街道

观又充满诗情画意的旅蒙商人出塞图。

同时，杀虎口也成为清政府在其领土西北边疆的一个重要税关，其征税辖区以边墙和黄河为界，东至天镇县新平口，西到陕西神木口，东西长达 200 余里。按照规定，商人运载货物，必须直接到杀虎口缴税，不许绕到其他关口，否则即判为走私。顺治十八年（1661）六月，户部确定其年征关税额为 13 000 两，比张家口关还多 3 000 两。随着商贸的发展，税收日增，自顺治末年至乾隆中期的 100 年间，正额关税由 13000 两增加到 32 300 余两，增长了 1.48 倍。及至民国元年，甘鹏云出任杀虎口关监督的 7 个月中征收的税银就有 83 000 两，日均多达 395 两。所以，杀虎口曾被称为可以“日进斗金斗银”的税关。

每年，山西商人把数以万担计的绸缎、布匹、茶叶、糖、烟、瓷器等商品经杀虎口或运往新疆、兰州，或运往库伦、恰克图，甚至深入俄国。返程时又将哈喇、呢子、毛毯、钟表、金砂、皮毛、五金、鹿茸、葡萄干、杏瓜等运回内地。每年仅卖给京羊庄的绵羊即达 20 余万只。每当鹿茸开市时，交易量日达 20 万两白银，甘草约 50 万银元。可见，杀虎口所吞吐的商品量非常巨大。

商贸交易的兴盛以及可以获得的巨大利润，吸引着口内各地农民住户纷纷打点行装，去走西口、谋富路。到杀虎口盛极一时时，住户已多达 5 000 多户，人口也有 50 000 多，遍地商贾云集，集市繁荣，店铺林立。日杂百货、副食糕点、钱行当铺、酒楼饭馆鳞次栉比，白酒、陈醋、金银、

延伸阅读

我国古代银子缺乏，所以银两实际上具有相当高的购买力。据有关学者估算得出：盛唐时期，一两银子的价值相当于人民币 2 000—4 000 元；北宋中期价值 1 000—1 800 元或 600—1 300 元；明朝中期价值 600—800 元；清朝中晚期则为 150—220 元左右。

木器、皮毛、米面加工等手工作坊应有尽有。每逢正月十四至十六的“奶奶庙点灯瓜瓜”,清明节、七月十五、十月初一的“城隍爷出府”以及七月二十的“黄绿会”等庙会，蒙汉民族汇聚，各种杂耍艺班献艺，外来客商云集，更增添了边塞雄关的兴盛气氛。

由于往来客商非常多，大小客店分帮接待不同商客。其中元胜泰、进泰泉、玉泉常、晋泰店专门迎送著名商号大盛魁和新疆客商，明玉泉、玉泉堂等主要接待前后营、达茂、四子王旗的蒙古客商，至于其他客栈则来者不拒，随客自便。

3. 杀虎口趣事。

（1）民国初年，在右玉颇有德政的县长黄骥（湖南人）曾书对联一副赞誉杀虎口曰：“此地有崇山峻岭，其人如霁月风光。”此话对人杰地灵、豪爽旷达的杀虎口人来说，并非溢美之词。繁荣的经济带来了文化教育的鼎盛，孕育出一批出类拔萃的士人。据不完全统计，明清中举入仕和民国初年考入高等学府者多达 30 余人。相传满清末年杀虎口曾发生一件翰林杨某和进士郭某因考取功名而一争高下的趣事。郭某才华横溢、豁达爽朗，但凭恃祖业酷爱嬉戏。杨某老成持重，虽天资略逊却很是用功。杨某入京赶考，郭某对其不屑一顾。一天，郭某与一伙哥们在南门外玩耍，突然南梁上爆竹骤响，下来一彪人马询问众人：“杨翰林府第何在？”郭问：“哪个杨翰林？”当得知杨某金榜题名、入翰林院时，

◎ 杀虎口税关

曾被称为可以“日进斗金斗银”的税关。

大受刺激又很不服气的郭某对众人道："既然他能中，我岂能甘居其下？自今日始，鄙人闭门读书拒不待客。望诸君见谅。"遂回家潜心苦读，其后竟中连甲进士。一时在杀虎口传为佳话。

（2）在杀虎口有很多庙宇，但很多人不知道晋商建造这些庙宇的初衷。

经商逐利发家致富的欲望驱使杀虎口人远赴俄蒙且盈利斐然，但孔雀东南飞，异地两相思的孤独生活不仅使之在日常生活上感到诸多不便，而且带来一系列社会问题。由于晋商字号均严格规定所属职工在外经商不得携妻、纳妾、嫖赌，3 年、6 年，甚至 10 年才能返家探亲一次，因此不少人面临子嗣不继这一残酷现实。民国初年在大盛魁科布多分号拥有九厘生意的李梅掌柜叶落归根。他为延续香火而抱养的侄子李茂林，由于长年跟随其在外经商，

竟也无嗣。如此事例在杀虎口随处可见。因此当地民谚云："十山九无头，洪水向北流。富贵无三世，清官不到头。"

为了乞求神灵荫庇杀虎口子孙繁延，香火旺盛，保佑旅外亲人康健平安并寄托那"剪不断，理还乱"的万缕情思，人们倾巨资陆续修建了玉皇阁、关帝庙、岳王庙、财神庙、观音庙等50余座庙宇。这些庙宇巧夺天工，构成塞北风格独特的宏伟建筑群。时至今日，世人谈及杀虎口每每艳羡、感叹其过去的繁华与经商者的富有。

（3）"没奈何"的银子。

一年奔波下来，很多晋商收入丰厚，这些辛苦所得的一部分被输往张家口贩运货物，另一部分则被运回原籍。

但当时从蒙古到山西的千里路途上强盗出没、盗匪横行。如何把这些血汗钱安全地送回家中是一个难题。聪明的山西商人想出了一个令人叫绝的法子：把大量的零碎白银熔化，铸成重达千斤的巨大银锭，用特制的多轮车运回本省。这样，一则防止运送人员中途为白银所惑，小偷小摸；二则即使途遇出没无常的"骑匪"，也会因搬不动而无可奈何，只好望"银"兴叹、摇首

草原胡匪与晋商"没奈何"

胡匪只能望"银"兴叹，无可奈何。

◇ 曾经多少旅蒙晋商经杀虎口远走蒙地

而去。故此，这种巨大银锭被晋商称之为“没奈何”。

4. 一缕情思万古愁。

但离别故乡远走西口并不是一件多么幸福美好的事情。那些经杀虎口涌向西北边陲乃至欧洲的“淘金”者，那些客死他乡被迫出“口”的谋生者，那些被茫茫戈壁、漫漫流沙隐姓埋名的塞北孤魂究竟有多少，无人统计也无法统计。恐怕只有昔日那些依傍柴门，翘首北望，孑伴孤灯，念夫盼子苦煎熬的贤妻良母们略有所知。旅蒙晋商的酸甜苦辣在那些眼泪耗干、青春逝尽、一根根银丝爬上头的善良女性身上得到了最好的证明。

随着岁月流逝和历史变迁，当年艰苦创业蜚声华夏的山西商帮今已鲜为人知。他们往返所经的杀虎口几经拂逆、几经战争劫难也面目全非。但是，一首“哥哥你走西口，小妹妹我实在难留……紧紧地拉着哥哥的袖，汪汪的泪水肚里流”的山西民歌，道出了多少新娘的哀怨悲伤，宣泄出多少生离死别的人间情感，又描绘出多少旅蒙者的艰辛困苦。

二、塞上明珠——张家口

1. 东口的由来与发展。

创建于明朝正德年间的张家口，起初仅仅是一个骡马买卖市场。随着岁月流逝，王朝更迭，才逐渐发展成为一个贸易集散地。当年，清朝康熙皇帝征服蒙古后，为夸耀天下一家，在此地修建大境门，以作为蒙古与内地的贸易市场，从此其市面蒸蒸日上，一派繁荣景象。站在大境门下，似乎可以强烈地感受到当年贸易市场上的那种红火，而城中上堡和下堡的热闹决不逊色于大境门，这里正是当年内地旅蒙商人店铺所在的街道，也正是由于有这些旅蒙商人在此维持并积极推动汉蒙贸易的发展，才使它日后发展成为具有一定规模的商业城市。

谈到张家口，我们要追溯到明朝前期。当时，统治中原的明王朝在积极防御蒙古少数民族的同时，通过封官授职，通贡互市等政策对蒙古实行经济控制。蒙古封建主则按照明王朝政府规定，定期派遣贡使率领的商队，赶着

张家口大境门

大量马、驼、牛羊、毛皮、野兽裘皮和土特产品，去北京向明朝政府“朝贡”。明朝政府在接受蒙古带来的贡物之后，也以赏赐的名义给蒙古贡使回赠银币、绸缎、衣帽、靴鞋以及首饰、乐器、贵重药品等货物。

事实上，为了实现对蒙古封建主的笼络，明朝政府回赠物品的价值一般都会超过所送来的“贡物”数倍。同时，明政府还下令沿途的边境驿所为蒙古贡使、商队无偿提供载运货物的车辆、驼马草料和住宿等便利条件。所以，虽说是蒙古封建主每年来朝贡，但他们也得到了极大的经济实惠，以至于每次派遣来京朝贡商队的人数多达两三千人，携带贡马和各种皮张数以万计，以致形成“络绎于道，驼马迭贡于廷”的壮观局面。

但是这种朝贡与回赠式的交换并没有制止沿边居民和供应边镇粮饷的山西商人出塞与蒙民进行交易活动。因为，草原上的牧民需要中原农民种的茶、纺的布，中原的农民种地也少不了草原牧民放的牛、养的马。如果这种商业往来一旦被人为阻断，就只能以战争的方式来解决，同时伴随屡禁不止的走私贸易活动。

由此看来，虽然蒙古势力日益强盛，对明朝的威胁越来越大，但另一方面，蒙古贡使商队也越来越多，对一些日用品的需求日益强盛，致使明朝政府面对的是难以禁绝的走私贸易。明正统三年（1438）时，为了缓和日趋紧张的明蒙矛盾，明朝政府允许在大同等边镇点开设“马

延伸阅读

朝贡制度：周边诸国对中国的朝贡制度发源于商周时期的“畿服制度”，畿，即统治中心地区；服，即外部臣属之地。周朝确立了“普天之下，莫非王土”的世界共主思想，并且在《周礼》中详细规定了外部各服的贡期与贡品的种类。秦汉时，中原政权对周边附属诸国实行“册封”，如“汉委奴国王”“南越武王”等，诸国则承认中原政权的共主地位，凭借其册封取得统治的合法性，并向其负有进贡和提供军队等义务。到明代，太祖朱元璋确定了针对附属国的“厚往薄来”的朝贡原则，朝贡体系正式确立，向明政府朝贡的国家和部族一度达到了65个。清朝建立后对明朝的属国进行了重新册封。鸦片战争后，《中英南京条约》首次以文字规定了中国和外国平等往来，朝贡体系因此遭到动摇并随着清朝的衰弱而最终崩溃。

市”。但是，这些“马市”的开市与禁市却完全根据明朝统治者的政治需要而定。因此，在而后的若干年里，“马市”贸易只能在“开”与“禁”相互交替的夹缝中生存。直至明隆庆五年（1571），明朝政府才与俺答汗达成开设大同等13处“马市”的贸易协议。从此，汉蒙贸易由政府严格控制的“官市”阶段进入边商边民自由议价交易的“民市”阶段。万历年间，明政府建立来远堡（今张家口上堡），并在此地开设“马市”，促使张家口的互市贸易呈现出生机勃勃的景象。

1724年，清政府在张家口设立张家口直隶厅，并分别于1729年、1734年在多伦诺尔地方、独石口地方设立多伦诺尔直隶厅和独石口直隶厅，这三个理事厅合称“口北三厅”，专门办理与蒙古人民交涉的各种事项。与此同时，从清政府给噶尔丹的敕书中，我们可以清楚地了解到张家口仍然是对蒙贸易的重要口岸之一，如规定除厄鲁特四大台吉贡使商队可入京贸易外，其余诸小台吉的商队皆市张家口。

雍正五年（1727），清政府指定喜峰口、古北口、独石口、归化城、杀虎口和西宁等为出入蒙地经商的贸易孔道，凡是赶赴外蒙古和漠西厄鲁特蒙古地区进行贸易的商贾需先向户部衙门或驻张家口的察哈督统、归化城将军、多伦诺尔同知、西宁办事大臣等申请，经审查后才给颁发准入蒙古指定范围贸易的“龙票”。这种“龙票”全部用满蒙汉三种文字书写，并注明商号名称，掌柜姓名，赴蒙人数，货物品种、数量，往返日期等内容。商家在到达指定地点后，需向当地政府声明并在其监督下展开各项贸易活动。

另外，清政府还明确规定：汉族商人不准在蒙古地区建固定店铺、房屋留居；不得携带家眷；不准与蒙古妇女通婚；不准任意闯入未经指定的蒙旗进行贸易活动；凡经允许出塞的商人务必在一年内返回。正是这些规定迫使旅蒙晋商如候鸟一般经张家口、杀虎口频繁往返于汉蒙旅途，并逐渐形成以张家口为枢纽的几条旅蒙商路：（1）张家口—赛尔乌苏—库仑—恰克图；（2）张家口—多伦诺尔—乌珠穆沁—海拉尔；（3）张家口—归化城—漠西蒙古—乌里雅苏台；（4）归化城—大同—张家口—北京；（5）多伦诺尔—张家口—大同。这些商路进一步突出了张家口作为旅蒙东口的重要战略地位。同时，由于清政府在张家

张家口大境门外正沟驼市（清康熙年间）

口设关，凡是去往恰克图和库伦等地贸易的商人都要在此征税，每年税银可达 40 000 余两。所以说，张家口从 18 世纪中叶设置关税征收卡后已经成为清朝国库收入的一个重要税源。

此外，张家口不单是汉蒙贸易的集聚地，也是清俄贸易的重要转运枢纽。据史料记载，1728—1762 年间，俄国国家贸易商队自开辟恰克图口岸入境，经库伦、张家口来京贸易的商路后，张家口买卖城可以说成了中国对俄贸易的集中点，几乎全部俄国呢绒和各种绒布以及俄国出口的全部毛皮制品都是先运到张家口买卖城的货栈，然后批发给下堡，最后再运到中国本土其他地方。

2. 走东口的山西商人。

对于山西的战略地位，我们知道它与塞外朔漠蒙古地区毗连，自古以来就是中原地区与北部边疆游牧民族之间进行经济联系的交通要冲。所以，作为汉蒙贸易路线中的东口，那里自然少不了山西商人的足迹。

当时，在张家口有八家山西商人——王登库、靳良玉、范永斗、王大宇、梁嘉宾、田生兰、翟堂、黄云发，他们于明末进入此地与蒙古族人民进行“马市”贸易，用从内地运来的各色物件来交换牲畜、皮毛。在看到明朝的统治日益腐朽衰败，回天无力，而东北方的满族则生机勃发、逐渐强大，有南下关内逐鹿中原之态势后，这八家商人便加强了与满族的经济往来。他们不顾明廷封锁边关的禁令与满族官民进行频繁的贸易活动，向他们提供各种紧缺物资，并不时地替皇太极、多尔衮等打探中原消息，为清军最终入主中原立下了汗马功劳。清廷入主中原后，这八家旅蒙晋商受到清世宗雍正帝的接见，“承召入都，宴便殿，蒙赐上方服馔”，并被封为“内务府皇商”，获得特准经营垄断性商业，以及向官府资金借贷等特权，成为声震蒙古草原的“八大皇商”。

在看到蒙民对来自中原的粮食、生产工具等的需求日趋旺盛，以及八大皇商的成功后，大量的山西商人陆陆续续地进入张家口。他们“以车载杂货，同游蒙境”，与蒙民进行“以物易物，事成两便，向不通行银钱”的贸易。蒙古人把从事这种行当的汉人称为“出拔子”（汉语“行商”）。不过，在这种原始的易货贸易中，吃亏的是不谙商情的蒙古人，而行商却能从中牟取高达数倍、甚至几十倍的暴利。他们用内地廉价的粮食、布帛、黑茶、铁锅、铜器等日用杂货，换取贵重的裘皮、鹿茸、麝香，乃至金砂、宝石等物品。如一口普通的大铁锅能换满满一锅名贵貂皮，一块砖茶可换一张羊皮，一匹（蒙古人以八寸为一方，四方为一托，七托为一匹，约两丈二尺四寸）布换牛犊一头等，价值悬殊，获利甚厚。到后来，山西商人的势力越来越大，

延伸阅读

砖茶：砖茶是指为便于运输，将采摘的原茶经过筛、扇、切、磨等工序制成半成品，再高温汽蒸压成砖形。多产于湖北、湖南、四川、云南等地区，畅销于蒙古、西北地区乃至中亚、俄罗斯等地，是当地人民生活的必需品。西北地区曾有“宁可三日无粮，不可一日无茶”之说。湖北赤壁市羊楼洞古镇是中国砖茶的著名产地。

发展到张家口商人“强半皆为山西人”，此地市场也为晋商所控制。

茶叶、烟草、绸布以及其他杂货是晋商向外输出的主要商品，其中以茶叶为最大宗。自湖南、湖北、安徽、福建等地长途贩运来的茶叶在张家口集中交货，再由此地晋商转运至蒙古的库伦城和中俄边境的恰克图外售给蒙民及俄商。由俄、蒙二地输入的商品主要是毛皮、牲畜、药材。皮毛是张家口从俄国和蒙区输入的大宗商品。光绪年间的记载称，俄国出口的全部毛皮制品都是先运到张家口买卖城的货栈，然后批发给下堡，最后再运到中国本土。在张家口税关刊布的税则中，各种皮毛及土碱也是从蒙区输入的主要商品。

随着实物贸易的发展，来东口的各路商人对资金的需求量也逐渐增大。晋商瞅准机会，在张家口开办钱庄、账局、票号等金融机构。据俄国学者波兹德涅耶夫的记载，晋商在张家口开设的钱庄“资本一般在五千两到二万两之间”，而票号的资本甚至要有几十万两之多，张家口的“银钱业务主要是靠票号进行的”。

这样，清雍乾以后，山西商人几乎占据了张家口内的各个行业，东口贸易也在晋商的辛勤经营下蒸蒸日上，规模不断壮大，成为北路边境贸易上的又一颗璀璨明珠。

3. 国落城不存。

鸦片战争后，清政府与俄国签订了中俄《北京条约》《天津条约》《陆路通商章程》。俄政府轻易打开了直通中国内地的通道，并且取得了沿海七口（上海、宁波、福州、厦门、广州、台湾、琼州）的通商权。同治五年（1866），俄政府又强迫清政府免征茶叶的半税，使俄商的贩运成本大幅度下降。

自此，俄商得以享受特权，深入到中国内地攫取物产和推销其产品，而不用再与晋商进行大量交易，再加上其运输成本很低，致使晋商商号遭受沉重打击，纷纷落马。看到政府软弱无能，生意再无兴隆之望，很多晋商心灰意冷，退归乡里，张家口的贸易态势也一落千丈。此后，虽然张家口的进出口贸易总量有所增长，但由于俄国商人转运商品享有免税权，致使张家口税关的税收大量缺额，关税收入大量流失，这大清东北面第一税关的风采也荡然无存。最后，晋商在张家口茶叶贸易中曾占有的垄断地位被俄国商人所取代，与茶叶贸易密切相关的金融业门庭冷落，挂板歇业。张家口，这颗明珠也随历史的风烟一起被埋没于塞外沙尘之中，不再光彩夺目，让人空留遗憾。

三、旅蒙第一商——大盛魁

大盛魁是清代山西人开办的对蒙贸易的最大商号，极盛时有员工六七千人，商队骆驼近两万头，活动地区包括喀尔喀四大部、科布多、乌里雅苏台、库伦（今乌兰巴托）、恰克图、内蒙古各盟旗、乌鲁木齐、库车、伊犁和俄国西伯利亚、莫斯科等地。其资本十分雄厚，声称其资产可用五十两重的银元宝，铺一条从库伦到北京的道路。

大盛魁的创办人并不是什么富户大商，而是三个小贩。原来康熙时，清政府在平定准噶尔部噶尔丹的叛乱中，由于军队深入漠北，“其地不毛，间或无水，至瀚海等沙碛地方，运粮尤苦”，遂准商人随军贸易。在随军贸易的商人中，有三个肩挑小贩，即山西太谷县的王相卿和祁县的史大学、张杰。他们三人虽然资本少，业务不大，但买卖公道，服务周到，生意十分兴隆。清兵击溃噶尔丹军后，主力部队移驻大青山，部队供应由山西右玉杀虎口往过运送，他三人便在杀虎口开了个商号，称“吉盛堂”。康熙末年改名为“大盛魁”，这就是大盛魁商号的创始经过。

大盛魁的总号最初设在乌里雅苏台，后迁驻归化城（呼和浩特），其经营的基本地区是乌里雅苏台和科布多。乌、科两地柜上的店员，在柜上住过三年，学会蒙语以后，就组成若干小组到草原各帐篷售货。基本上是一个店员，再雇一个蒙民，两个人骑两只骆驼，另用两只骆驼驮货，贩运的商品有砖茶、生烟、洋布、斜纹布及针线之类，走串蒙古包送货上门。夏天卖了货，换成羊马；冬天卖了货，换成皮张。同治时，大盛魁看到茶、烟销路好，为了适应蒙民的口味和运输上的便利，与茶商、烟商一起制出名牌“三九砖茶”和“祥生烟”。而且越做越精细，越做越定型，颇受蒙民欢迎。大盛魁从全国各地贩运商品到蒙古销售，其货物来源主要有三种方式：一、随时在归化城市场上采办；二、向外地来归化城销货客商订购，或向归化城到外地经商者订购；三、派人到产地采购。

大盛魁对购货、订货有一套办法。凡买大宗货物，合价 300 银两以下的，现银交易，不驳价，表示厚待“相与”。但如果价高货次，则永不再与共事。大盛魁的这种做法名声在外，也就无人敢来骗它。对于手工业品订货，凡选中的手工业户，世代相传，也不随便更换加工户。当手工业户资金短缺、周转困难时，便借垫银两，予以扶持。这样，大盛魁就取得对这些加工户的手工业产品的优先购买权。大盛魁对“相与”商号每逢账期予以宴请，表示厚待“相与”商号。但宴请时有厚有薄：凡共事年久或大量供货的商号，则请该号全体人员，并请经理到最好的馆子吃酒席；一般的“相与”，只请一位客人在较次的馆子吃普通酒席。吃好酒席的，觉着与大盛魁交情厚，引以为荣。而大盛魁则通过这一做法，扩大自身的影响。大盛魁商号极盛时，几乎垄断了蒙古牧区市场，蒙古的王公贵族及牧民大多都是它的债务人。该商号三年分红一次，盛时每股分红可达一万余银两。

清末，由于沙俄在我国蒙古、新疆和东北地区的侵略活动不断扩大，使大盛魁的营业受到影响，日见萧条。后来，俄国革命成功，外蒙古独立，大盛魁又丧失了在这两个地方的商业资本和商业市场。加之大盛魁商号后期用人不当，一些掌柜挥霍浪费惊人，侵吞号款事件屡有发生。1929 年，雄踞塞北 200 余年的大盛魁商号终于宣告倒闭，结束了它的历史。

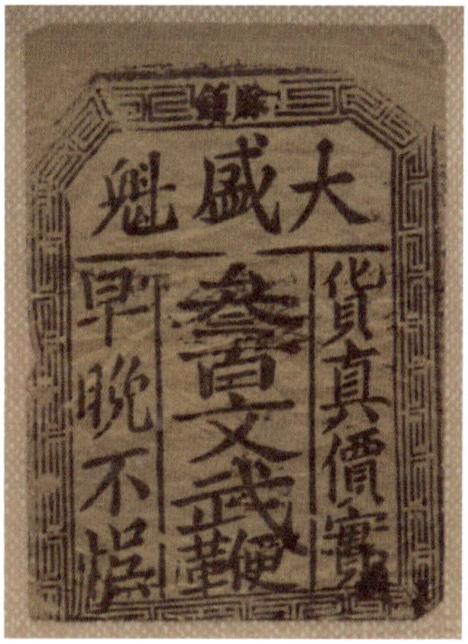

赊镇大盛魁“三百文武鞭”广告单

“文武鞭”是鞭炮的一种，能放彩花，还能听响，兼备了花和炮的功能，因此人们戏称为“文武鞭”。

第二节　皇家财源——铜商

随着明清之际商品经济的发展，对货币的需求量远远超过了市场上能够供应的货币量，甚至出现了“钱荒”。为解决铜料紧缺的问题，清政府招募商旅去铜矿资源较为丰富的日本购铜。山西商人应时而出，远渡重洋赴日贩铜，为解决清政府的“通货紧缩”危机作出了巨大贡献。

关键词：铜料急缺　介休范家　赴日贩铜

一、康乾盛世中的“通货紧缩”

在我国古代，从春秋时期鲁国开始实行“初税亩”一法来征收地租和赋税，以后各朝的税收也就大都以实物形式上交，就是我们通常所说的“实物地租”。后来，税收的交纳形式逐渐由粮秣衣帛等转换为交纳银两铜钱，由实物地租发展到了货币地租。应此要求，农民、地主等交纳税收时需要把粮食衣物卖掉换得货币才能进行。于是,在市场上流通的货币也越来越多。

明代时，名臣张居正主持进行了税制改革，将以前要求交纳的地租、田赋、为替代劳役而交纳的庸银以及其他各种杂税都统一归为交纳银两而不是实货，即“一条鞭法”。到了清代康熙雍正年间，更是颁布了“摊丁入亩”的税制，把延续了两千多年的人头税即“丁税”摊入地租之中，彻底废除了人头税，统一用地租银来缴纳赋税。这两项制度的实施都大大推动了明清时市场上对银两铜币的需求。

延伸阅读

一条鞭法：明代张居正改革（万历年间，公元 1573-1620 年）中赋役方面的一项重要改革措施，方法为将一地的田赋、徭役等都合并起来以银两方式来上交国家。本名条编法或类编法，后来把“编”写作了“鞭”，遂为“一条鞭法”。

此外，明清时期资本主义萌芽的出现和商品经济的繁荣，也在很大程度上增加了对作为一般等价物的银和铜的需求。尤其到清康乾时期，社会安定，经济发展，商业繁荣，商品交易日益频繁。与此相适应，必须增加通货以应商品交易之需。

对货币的大量需求，使一直作为清政府铜币铸造主要原料来源的云南“滇铜”渐渐不敷经济发展和鼓铸制钱之需。加之民间藏钱和毁钱改制器物之风盛行，又使得流通中的货币数额远远不能满足需要，甚至出现“钱荒”。

这一情况在当时的山西省表现得又极为突出。山西冶铜制器源远流长、历久不衰。太原铜镜、大同火锅更是家喻户晓、久负盛名。由于经营铜业获利颇丰，因此各铜器作坊在铜料不足时竞相毁钱铸器以牟利，这一做法更加剧了用作制钱的铜料的紧缺。为了减缓“铜荒”，杜绝毁钱之源，清廷曾采取节流之策三令五申严禁铸造铜器。规定除三品以上大员可用铜器外，其余均不能用之。三年内必须将所有铜器据实呈报，由官府给价收买。铺户毁钱制器则更在严禁之列。不久又诏告天下：只有一品之家才有使用黄铜器皿的特权。然而收买铜器铸钱仅为一时权宜之计，即使奏效也难以长久，必须另辟蹊径，采取开源良

延伸阅读

清代各年号均铸有钱币，钱又一般为满文和汉文两种文字。铸有顺治通宝、康熙通宝、雍正通宝、乾隆通宝、嘉庆通宝、道光通宝、咸丰通宝、同治通宝、光绪通宝。

清代铜币乾隆通宝

乾隆通宝铸于清高宗乾隆年间（1736—1795）。

策，解救“铜荒”。

因此，如何给市场充分供应官铸铜钱，控制银钱比价，防止私铸等，从顺治、康熙开始，一直就是一个棘手的问题。到雍正、乾隆时期这一问题发展得更为突出，乃至于雍正帝嗣位之初即面临着钱贵、钱荒、银钱比价失控、金融市场混乱等问题。

范毓馪像

范毓馪，字芝岩，别字绍文，是范家继范永斗之后最杰出的经商人才。他一手将范家商务带入鼎盛时期。

二、山西铜商挺身而出

面对国内铜源紧缺的情况，清政府焦急万分，幸而经过考察，在毗邻中华的东瀛小国日本找到了相对丰富的铜矿资源。所以，赴日买铜成为解救当前经济危机的当选之径。

日本，从汉唐时就与我国有大量的使节往来和经济贸易，到明清时期交往更盛。但单就当时的造船技术而言，远渡重洋还是一件危险性很大的事。海上情况波谲云诡，出海的船只频繁被摧毁淹没于那一望无际的蓝色深渊。但国内的经济情况刻不容缓，民间生产生活和皇室日常生活都需要大量的货币支持。当此时刻，需要有无畏勇气、决然魄力、丰厚财力以及与清皇室关系密切而能得之信任者才能完成这一任务。

不是巧合而是必然，山西介休县商人范氏一族适时应势地担当起了这一角色。明末，处于东北一隅的清兵亟需内地物资以供军用，由于和明政权的敌对关系，只得通过蒙古地区与

延伸阅读

宝源局：明清时期的官方货币铸造机构。元至正二十一年(1361)，明太祖朱元璋于应天府设宝源局，又于洪武元年(1368)在各行省设宝泉局，与宝源局共同负责铸造货币之事。清代承续了这一机构，划宝泉局归属户部、宝源局属工部继续行使其职责，同时又在各省设立分局。光绪三十一年(1905)宝源局裁撤。宣统二年(1910)宝泉局也被裁撤。

张家口的贸易市场取得。当时，操纵张家口贸易的所谓“八大家”皆为晋商。据乾隆时所修《万全县志》记载：“八家商人皆山右人，明末以贸易来张家口，曰王登库、靳良玉、范永斗、王大宇、梁嘉宾、田生兰、翟堂、黄云发。自本朝龙兴辽左，遣人来口市易，皆此八家主之。定鼎后承召入都，宴便殿，蒙赐上方服馔……”这八家中尤以范永斗一家实力最为雄厚。而清廷当年“屈尊”东北一隅，与明王朝对峙企图问鼎中原时，八家晋商多有“资助”，为他们提供物资、解决必备军需。从此双方交谊日深，彼此“关照”也就绝非偶然。

清廷入主中原后不忘旧情，将其召至京师命主贸易事，并赐产张家口为世业并且将其户籍计入了内务府中。从此，受到清廷垂青的范永斗家业大饶，成为以张家口为中心进行经商活动并每年给内务府输纳皮币的皇商。范氏基业俟传至其孙范毓馪、范毓谭、范毓崎时更是锦上添花、蓬勃发展。范毓馪被赐为太仆寺卿、赏二品顶戴，范毓谭封为布政司参政，范毓崎也由武举历任守备、参将、副将、总兵等职。就连毓馪之子清洪、清柱、清澳、清沂等都博取功名，位居显宦。范家一时上通朝廷，下联市民，“甲第联辉，名艳当世”。

当急需铜源的消息传来时，介休范氏与旅居张家口的各皇商商议，而后决定不惧艰险呈请专办这项“皇差”，并自请减价交售以报“知遇”之恩。众商所请甚是适时，深得龙颜欢悦：范氏等人均系经商多年的殷实富户，办理铜务自可不必多虑。仅减价贩铜一项，朝廷一年就可少支出 50 000 两白银。如此“报效”何乐而不为？遂为范毓馪等人开通赴日贩铜绿灯，让他们在各关监督处领银采办、按期完纳。1699 年、1701 年、1717 年清政府陆续将芜湖、浒墅、湖口、淮安等十三处宝源局的额铜归范毓馪等人承办，以期解救“铜荒”、抑制日益腾贵的钱价。而范家也借此获得了清廷特许，取得具有独占性的、以承办洋铜为目的的对日贸易垄断权。

三、驾船扬帆远赴东洋

范毓馪领命办铜后立即“调兵遣将”，派干练之人驾巨舟东渡扶桑，不择险易。无论严寒酷暑还是急风骤雨均难以遏止其“报效”之心。范家船队

晋商船帮抵达日本长崎港

船帮贸易东洋采铜图

一年两次往返于中日之间、出没于险象环生的惊涛骇浪之中，将丝绸、茶叶、笔墨、书籍以及潞安党参、雁北黄芪等运抵长崎，换取日铜，为中日经济文化的交流与发展作出了一定的贡献。

三晋铜商不畏艰险、漂洋过海、采办日铜之举令人敬佩赞叹。然而茫茫大海变幻莫测、喜怒无常。晴空万里风平浪静时，碧绿的海水宛如一位温柔的少女，但当风云突变狂飙骤起时，它又一反常态恶浪排空，驾船者稍有不慎便船翻货溺葬身鱼腹。因此，一般商人均视其为畏途、不敢问津，即使经营是业也求尽早退步抽身。最初呈请运铜的六家商人中除范氏外，其余五人都相继引退。仅王刚明一人就亏损 83 万两白银。18 世纪中叶，15 艘贩铜船中范氏独占其五，并先后加添两船，每年办铜 555 000 余斤，运交官府去铸造铜币。

范氏一门子承父业、兄继弟差，经毓并、清注、清洪、清济等竭尽全力苦为撑持，经营日铜贸易 70 余年，成果显著，为清政府提供了大量铜料资源。依据任鸿章在其著作《棹铜与清代前期的中日贸易》中的统计：中日两国的铜料成交额，从康熙二十三年至康熙五十四年（1684—1715），共计三十二年间为一亿二三千万斤；康熙五十五年至乾隆十九年（1716—1754），共计三十九年间接近一亿斤；乾隆二十年至乾隆五十三年（1755—1788），计三十四年间约 5 550 万斤。

由此可见，山西铜商为从康熙至乾隆 100 多年间的清政府金融系统及人民生产生活作出了巨大贡献。致力于中日贸易以救“铜荒”的三晋船帮以其吃苦耐劳、勇往直前、艰苦创业、义无反顾的“晋商精神”为山西商帮谱写了从事航海贸易的赞歌。

四、势弱力薄无奈退场

18 世纪中叶以后，日本铜源告匮，《皇朝经世文编》中有记述：“倭铜矿深厂乏，年产年微，倭人定额十万斤内，每船减发一万二千斤。……船大载轻，渡海堪虞。”不仅导致海上事故增多，且加大了成本。乾隆四十六至四十七年间，

“所发洋船抵达东洋，忽遭巨风打回，抛弃货物无算。更有范成大一船，人货全倾，亏折成本六万两……”

此外，由于铜源减少，日本政府采取贸易保护之策，对办铜商船诸多非难。在正德四年（1714）实施的正德商法中规定中国入港船只不得超过 30 艘，贸易限额 6 000 贯，每艘 190 贯，不许稍有出入，否则除多余之货全部没收外，还禁止贸易往来。乾隆四十五年（1780）日方对中国商船赴日贸易加以种种限制，不准华商赴设在长崎的贸易市场；对进口的中国商品开始征税；无理滞留帆船供日本官方及驻日外国使臣役使等。凡此种种，愈发加重了山西铜商在对日贸易中的艰难与亏损。

清廷这时也雪上加霜，严格控制日人“钟情”的绸缎、蚕丝出口数额，使日铜贸易的拳头产品货源不足、前景暗淡。清廷下令所有出洋出海的船只准携带药材、糖类及一些粗货，严禁走私丝绸。但药材、糖货等售价本就不高，与丝绸相比盈利数额远远不及，致使山西铜商在日本卖货所得银两难以弥补购买铜料所需的资金，这进一步加重了商人的负担。后在商人的多次吁请下，清政府才于乾隆二十五年 (1760) 议定：凡属东洋采铜之船，“每船配搭绸缎三十三卷。……每卷照例计重一百二十斤”。之后又“每船准配二、三(等)蚕糙丝一千二百斤。按照绸缎旧额，每一百二十斤抵绸缎一卷扣算”。虽然有了改善，但与以前相比，贩售绸缎的数量仍然是大为减少了。

清廷的限制不仅仅使商人受困，就连一些官吏也认为：“徒立出洋之禁……是无益于外洋，而更有损于民计，又何如照旧弛禁，以天下之物，供天下之用，尤为通商便民乎？”只欲取之，不以予之，这样的束缚，山西铜商焉能盈利？怎能不败？！

1781—1782 年间范家东渡日本的船舶遭遇狂风袭击，船毁人亡时有所闻。而范氏家族也因为历年亏欠甚巨，竟达一百五六十万两之多，终被治罪，于 1783 年被查抄治罪、收产抵债。清政府下令将范清济及其子范李、范杜等逮捕入狱，并革除了范氏家族在内务府、户部等衙门所兼任官职及其皇商地位，还命各省查封范氏财产，以抵亏空。

昔日从张家口升起的商业巨星最终没有逃脱败亡的命运，陨落于万顷波涛。而以范氏家族为代表的三晋铜商也因为众商家裹足不前、后继乏人而由盛转衰，退出了航海办铜的历史舞台。

五、逝影只留些许功绩

以范氏家族为代表的山西铜商尽管衰败了，但在其数十年以贩铜为目的的中日贸易中，对两国之间的商品和文化交流作出了积极的贡献。他们在从日本输入大量铜料以解决中国铜荒的同时，向日本输出了用于交换的等价中国商品。围绕其出口需要，山西出现了一支为之筹集出口商品的商帮。这支商帮网罗各省特产之物，促进了商品经济的发展。所收集之商品计有丝绸、绉纱、绫子、毛毡、锦罗、茶叶、扇子、瓷器、衣针、笔、墨、纸、砚、药材、书籍等。其中，山西输日商品计有潞安产党参，辽州（今左权）产麝香、无名异，泽州、辽州产牙香，大同产香皮、石碌、花斑石、玛瑙石、黄芪、黄蜡，汾州产甘草，沁州产石菖蒲，平阳（今临汾）产龙骨，太原产瓷器、毛毡、天花粉等。

同样，山西铜商输日之各类商品不仅对日本的生活产生直接或间接的影响，而且“中国书籍之输入，影响日本文化最大，此种输入或翻刻之书籍，入日本学士文人之手，致各地文运大兴。而清之考证学风，亦由是风靡日本学界。又诗集、诗论、诗话之输入，则影响日本诗学；小说戏曲之输入，则影响日本文学；画论、画谱之输入，则影响日本画界。其他医学、博物学等无一不受影响”。

第三节　南来北往——茶商

晋商兴盛的又一个高峰是山西茶商长久垄断与北部蒙古和俄罗斯的茶业贸易。茶叶，是蒙古和俄罗斯人民生活的必需品，也是中俄、中蒙贸易的大宗货物，是清政府关税的一个重要来源。晋商借山西地利之便北上西向、东渐南下，在半个中国范围里采购茶叶。福建、湖南、湖北等省都有山西茶商的足迹。北部的张家口、杀虎口、归化城，尤其是中俄边境的恰克图是山西茶商对俄、蒙进行茶业贸易的边塞重镇。渐渐地，在晋帮商人的推动下，逐渐形成了一条以山西、河北为枢纽，北越长城，贯穿蒙古，经西伯利亚，通往欧洲腹地的陆上“茶叶之路”。

关键词：茶叶之路　恰克图通商　茶叶贸易　晋商贩茶　垄断北部茶业　茶号经营方法　榆次常家

一、茶香悠远

你听说过“茶叶之路”吗？

中国自古以来就是国际性贸易大国，最著名的贸易通道要数汉唐时以长安为枢纽，通往西域各国的“丝绸之路”了。但很多人不知道，在明清时期，还有一条以山西为枢纽，北越长城，贯穿蒙古，经西伯利亚转往欧洲腹地的国际商路——“茶叶之路”。这条以茶叶为主要贸易商品的国际商路成为中国清代对外经济文化交流的一条主要通道。

我国人民饮茶之风很早就开始盛行了。汉代时在四川，茶就已经被当作饮料。随着古代中国成为世界文化的中心，西方的商人、学者、旅行家纷纷把中国作为经商、游览、求学的目的地。他们把博大精深的中华文化带回西方，也把神秘的东方饮料“茶”带了回去。从此，在西方人的字典里才有了“早茶、午茶、下午茶”这些概念。

而在明清以前，中国与西方的茶叶贸易并不发达，茶叶在西方也只是贵族才能享受到的饮品。西欧人、俄罗斯人、蒙古人可以随意地享受到茶叶的味道乃至把它作为生活必需品都要归功于明清时山西茶商的辛苦奔波。他们

◇ 茶叶之路简图

清雍正五年（1727），中俄边境上的恰克图被列为中俄贸易城，晋商组成了当时国内最大的外贸商队，中国北疆形成了一条由山西人掌控的"茶叶之路"。

北上南下、东进西向，在半个中国范围内采购茶叶、丝绸、土布、瓷器、手工艺品及本省的烟叶、米谷、酿造品、铜铁制品，并将这些商品运往蒙古、俄罗斯，再由俄商将这些物品转运至西欧各国贩卖而获得暴利。同时，大量的俄国皮毛、呢绒、五金、家畜、玻璃器皿作为交易物品源源不断地流入中国。为适应巨量商品运输的需要，晋商自备大批马匹、骆驼、牛车活跃在广袤的塞外运输线上。他们把在塞外的骆驼编为队、房，每 15 驼编为 1 队，集 10 队为 1 房，每房计驼 150 只，乘马赶驼之人 20 余名。一次出行的驼队常常有几百甚至上千只，牛马车辆浩浩荡荡，首尾难以相望。大漠孤烟伴长河落日，人声驼铃交相呼应，非爽俊壮丽不能形容此等景象，实在令人浮想联翩。

不过，山西本省并不产茶，产茶地远在长江以南的湖北、江西、福建一带，距晋千里之遥。所以，千里运茶可真不是一件简单惬意的事。由产茶地

晋商驼队行走在沙漠之中

始，辗转水陆，贯穿福建、江西、湖北、湖南、江苏、河南数省，翻越千山万水才能抵晋，然后再向西向北，跨过茫茫大漠、戈壁荒沙，才能到达蒙古部落和西北地区。这还不够，还要再越过寒冷的西伯利亚高原，一直运送到俄罗斯境内，才算终结。一路上风吹日晒是家常便饭，荒漠中频繁的沙暴也成为茫茫西行路上不时插播的伴奏曲，再加上出没神秘的强盗匪帮，这条运茶路上的艰辛困苦、危机四伏实在是难以想象的。正是在坚韧不拔、艰苦创业的“晋商精神”激励下，晋商才成为“国际性商人”，铸就了利润的“金砖”。山西许多人家经常教育子弟：“好好写字打算盘，将来长大住上茶票庄”，“坐官的入了阁，不如在茶票庄当客（客指外出当老板）”。

大德通茶票庄遗址

二、机起恰克图

从前，有一位名叫格兰顿的将军周游世界归国后，众人怀着猎奇的心理询问他所见所感以何者为最奇。格兰顿将军回答说："我此次漫游，足迹遍及欧亚大陆。其映于眼帘之中足以动我国人之观感，也即最奇者，莫如中国小商人与犹太人的激烈竞争并将其驱逐者是也。犹太人忍耐克己，节俭力行，长于殖利之道为世界公认。孰料中国商人崛起，迫使数百年来掌握经济实权的犹太人不得不让出其一部分利益范围，而且大有后来居上之势。中国人种之雄伟，富力之宏厚，又实具雄飞世界之资格，其为可畏……试观世界之趋势，自西伯利亚之塞地……几于日出日没之处，无不见有中国人之足迹。足入东西市场，则胡服辫发，姗姗而来，足令人陡生一种惶恐之念者，固此皆是也。"

那么"西伯利亚之塞地"的中国商人为哪路商帮呢？寻踪觅迹，探究其源，乃是在俄境从事贸易的山西商人，而且源本于恰克图晋商。

康熙二十八年（1689），清政府与俄罗斯签订《尼布楚条约》，中俄大开商旅往来之门。1725 年 1 月，彼得一世死后，其妻叶卡特林娜一世决定借祝贺雍正登基的机缘，任萨瓦·务拉的思拉维赤为特命全权大使率 120 人的使团及 1 500 人的卫队来华，要求划界并扩大通商。雍正先后派皇舅隆科多、散秩大臣四格、吏部尚书

延伸阅读

《尼布楚条约》：1689 年，中俄两国在尼布楚进行谈判，双方签订了第一个边界条约《尼布楚条约》，这也是与西方国家签订的第一个条约。从清朝建立之初，俄罗斯自西伯利亚地区对我黑龙江等地进行侵扰，百姓深受其苦。清康熙帝下令于康熙二十四年（1685）对俄用兵，分水陆两途围攻俄雅克萨城。激战两年终迫俄遣使求和，并于康熙二十八年（1689）在尼布楚签订条约。该条约为平等条约，非后世南京等不平等条约可比。

察毕纳、理藩院尚书特古忒、兵部侍郎图理琛、郡王额驸（驸马）策凌等与之谈判 30 余次，最后于 1727 年 8 月 31 日双方在恰克图附近的布尔河畔签署了《布连斯基条约》（"布连斯基"非地名，俄语为"布尔河的"）。1728 年 6 月 25 日，中俄双方在《布连斯基条约》和以前双方达成的初步协议的基础上，在恰克图签署了涉及两国全面关系的《恰克图条约》，共 11 条款，并在两国交界处各设一贸易市场（即恰克图）。从 8 月 1 日起，中俄开始了恰克图的边界贸易，并取得迅速发展。

恰克图被辟为商埠，不仅对俄商有利，而且也刺激着晋商北上西下。由于勘边定界，使中俄边界地区相对稳定，为双方商人过界贸易创造了条件，特别是恰克图距晋商所驻足贸易的库伦最为近便，所以辟埠伊始，晋商得近水楼台之便，捷足先登，参与了市场的创建，并占为己有，始终加以垄断，继而深入俄国腹地，四处设庄，开展商贸活动。

《外贝加尔边区纪行》一书中记载道："驰名的恰克图贸易，大都是在商号里按事先商定的价格并由商界选出的四名监督人出面成交的。监督人由商

清代恰克图

清代俄中边境重镇。根据中俄《恰克图条约》规定，旧市街划归俄国，清朝于旧市街南边建恰克图新市街，汉人称为买卖城。在俄国境内之恰克图，今俄罗斯仍名恰克图；在当时中国境内之恰克图，即今蒙古人民共和国的阿尔丹布拉克。

界推选出极受尊敬、最有信用的人充当，任期一年。他们对商品预先分等、定价，经全体商人大会通过决议后，就对交易情况进行监督。如果有人用次货充好货，就要受到相应的处罚：头一两次罚款，第三次再犯，就被取消在恰克图经商的权力。”“中国人在做买卖上特别固执，坚持要价，分文不让。他们能为一件东西讨价还价三天三夜而不觉麻烦。俄国人对他们也同样强硬，毫不相让。不过在他们当中，有一方决定做成这笔生意的话，这时买卖就像大水溃堤一样奔腾向前，市面也随之沸沸扬扬，活跃异常。”

长裕川茶庄“川”字牌砖茶

随着茶叶进入俄国市场，俄国各阶层嗜茶者与日俱增，风行各地。尤其是西伯利亚一带以肉食为主的游牧民族，饮茶之风日炽，以致达到“宁可一日无食，不可一日无茶”的地步。“涅尔琴斯克边区的所有居民，不论贫富、年长或年幼，都嗜饮砖茶。茶是不可缺少的主要饮料。早晨就面包喝茶，当作早餐。不喝茶就不去上工。午饭后必须有茶。每天喝茶可达五次之多。爱好喝茶的人能喝十至十五杯。不论你什么时候走到哪家去，必定用茶款待你。”

茶叶广阔的市场、丰厚的利润对晋商有着巨大的吸引力。他们中的一些人分赴福建武夷山，湖南安化、临汀，湖北崇阳、蒲圻、通城等地办茶（后期主要在湖北羊楼洞和相邻的湖南羊楼司），并用牛驮、马运、驼载经水陆辗转抵晋，再经东西两口（东口为张家口；西口为杀虎口，以后改为归化城）奔波千里进行远足贸易，由此形成历史上著名的“茶商”。

三、晋商贸茶路

从明初到清末，晋商的茶叶贸易大致可以分为三个阶段：

第一阶段：明至清初，山西茶商将汉中和四川的茶叶运销至西域和俄罗斯。《清圣祖实录》中记载："鄂罗斯国……从古未通中国，其国距京师甚远。然从陆路，可直达彼处。自嘉峪关行十一二日至哈密，自哈密行十二三日至吐鲁番。吐鲁番有五种部落，过吐鲁番，即鄂罗斯境。"

第二阶段：清初而后，山西茶商多去福建武夷、湖南安化、浙江建德、安徽霍山一带采购茶叶，运销至各茶叶消费区。他们从武夷山茶农手中定期批量收购茶叶，然后一路北上至江西。《中国近代手工业史资料》中记述："清初，茶叶均西客经营，由江西转河南运销关外。西客者，山西商人也。每家资本约二三十万至百万，货物往还，络绎不绝。首春客至，由行东赴河口欢迎，到地将款及所购茶单点交行东，咨所为不问。茶事毕，始结算别去。"

湖南的湘江沿岸也盛产茶叶，而安化地区则更为集中。湘潭是较大的转运码头，山西茶商也常去那里贩运茶叶。康熙十三年（1674），吴三桂叛清起兵，很多山西茶商被困于此地，"久滞思归"，这也是有确切记载的。安徽霍山"土人素不辨茶味，惟晋、赵、豫、楚需此日用，每隔岁，经千里，夹资裹粮"，"建德为产茶之区……向由山西客贩至北路归化城一带出售"，这些都是晋商在霍山、建德购茶贩茶的历史记录。

◇ 福建武夷山茶山与加工作坊

第三阶段：清乾隆、嘉庆以后，山西茶商主要去湖北和湖南交界的蒲圻、临湘一带贩茶，这在很大程度上刺激了以后湖北的茶叶经济发展，并使其一步步成为我国著名的商品茶基地。

晋商从武夷山、湖南等地贩茶的线路分为水旱两路。旱路由常德、沙市抵襄阳，水路穿洞庭湖由岳阳入长江，至汉口转汉水至襄阳起岸，然后北上河南、山西，在雁北大同西南分两路出长城：一路经天镇出张家口（俗称东口），经张库商道，转运恰克图；一路经右玉县，出杀虎口（俗称西口）抵归化，再转运恰克图。也有的晋商将运抵归化的茶叶西运新疆的乌鲁木齐、伊犁、塔尔巴哈台等处，与俄商交易，俄商又将茶叶转销欧洲其他国家。

西北重镇兰州城茶商分为东、西柜。东柜茶商皆山陕商人。天津海关册有记载：“1861 年以前，一向是山西商人在湖北、湖南贩买并包装了砖茶，由陆路一直运往恰克图。”大致从乾隆三十年（1765）起，在晋商的推动下，逐渐形成了一条以山西、河北为枢纽，北越长城，贯穿蒙古，经西伯利亚，通往欧洲腹地的陆上国际茶叶商路。以福建武夷茶的运输来说，它的运输路线是：由福建崇安县过分水关，入江西铅山县，在此装船顺信江下鄱阳湖，穿湖而出九江口入长江，溯江抵武昌，转汉水至樊城（襄樊）起岸，贯河南入泽州（山西晋城），经潞安（长治）抵平遥、祁县、太谷、忻县、大同、天镇到张家口，贯穿蒙古草原到库伦（乌兰巴托），至恰克图。山西茶商在通往

武夷山茶山

长裕川茶庄

恰克图以至欧洲的漫漫茶道上，年复一年西往东归、北上南下。长于茶道的俄国学者、专家和嗜茶者们一提起茶叶，都对中国以及山西茶商肃然起敬，并津津乐道茶叶西渐的历史渊源。

此外，经营茶业的不仅是专业的茶商，山西各大商号也都与茶叶贸易有千丝万缕的联系。他们有的直接贩茶到恰克图，有的则深入产茶地区组织货源，零整批发或就地售于外国洋行，或北上返晋转售于旅蒙、旅俄晋商。仅祁县一地就有永聚祥、恒中恒、大德兴、大德诚、大玉川、巨盛川、天恒川、宝巨川、长裕川等10余家茶庄。成千上万的祁县人供职其中。在旅蒙东口——张家口，山西茶商就有百余家。其中在砖茶上以“川”字为商号标记的“两大”“两长”字号，即大玉川、大昌川、长裕川、长盛川久负盛名。这四大茶庄均为清廷特允皇商，持有天子赐予的“红色龙票”，从收购、运输，直到俄蒙贸易皆通行无阻，受到各方保护。俄蒙商人只要见此“龙票”，就争相易货，认为这是货真价实的凭证。在堡子里鼓楼西街茶庄故址中，至今保存着乾隆皇帝赐给“大玉川”的一块双龙石碑，上面镌刻着它在发展中俄、汉蒙贸易中作出的贡献。这里“大玉川”就是享誉海外，由大盛魁投资10万两白银创建的“三玉川”茶庄。

四、终至显赫——垄断北路茶

山西茶商从全国各产茶地区收购茶叶运往北方贩卖，与其做生意的不只是俄国商人，蒙古人民对茶叶也是非常喜欢，到了“每日必饮茶、每餐不离茶”的地步。山西茶商在张家口、杀虎口以及恰克图与俄商、蒙商进行茶叶与马匹、毛皮等商品的交易，货物销售地域涵盖了长城以北直至俄罗斯内陆的广大地区。

在恰克图正式开市时，参加交易的只有10位俄商和4位中国商人。买卖城建立后，人口随着贸易的兴盛迅速增加，到乾隆三十五年（1770）已有住户200家，常住人口400多人。晋商凭其对蒙俄贸易的经验和雄厚的资本积累以及地利之便，较早地在恰克图开展商贸活动。

为了便于贸易，山西商人积极学习俄文、蒙文，并且多方了解俄、蒙各族的生活习惯与嗜好。后来，清政府开始实行信票制度，所谓信票，也称部票、龙票、票证，是清廷特准颁发的赴恰克图贸易、运送货物的凭证。最初由张家口衙门一地呈报理藩院颁发。信票上由官府将商人姓名、车辆、货物、数目等明白填写。每一信票不得超过10人、20辆货车，而且仅一次有效。贸易完毕即令回归，呈缴换取新票。无票不准入市，否则便属走私，一经查出，照例治罪，所运之货一半入官，一半奖赏稽查人员。

可以看出，信票是类似于明代盐引一样的特许经营许可证，只为少数与

恰克图当年的茶叶交易市场

朝廷关系密切的商家持有，普通商户一般是不能获准办理的。但贩茶可得的巨大利润令人神往，不少人不惜冒着触犯法律的危险，以入蒙经商为名，历尽艰辛，迂回辗转，进行茶叶走私贸易。此业盛行，不仅走私者常受官吏扣货、苛罚和百般勒索之苦，而且清廷也“流失”一笔可观的税收。

为此，洞悉其中弊端的忻州商人程化鹏赴北京为民请命，上书理藩院指出走私原因以及对国家税收的损害，要求予以宽禁、明定税则，允许更多商民运茶赴恰克图以及塔尔巴哈台与俄商贸易。程化鹏所奏言之有理，清廷为之所动，慨然允准。昔日走私商人由此“改邪归正”，通过正当外贸渠道，理直气壮开辟利源。各路晋商接踵而至，大规模地进入蒙古、俄罗斯内地进行茶叶贸易，使恰克图贸易声势大振，而程化鹏也被众商号冠以“商家领袖”的美誉。

于是，恰克图茶市在大批晋商的参与和推动下蓬勃发展起来。依据统计，嘉庆二十三年（1818），运往恰克图的中国商品为 3 450 驼（每驼约载货 250 斤）和 1 420 车（每车约载货 500 斤），合计 157 万斤。道光九年（1829）激增至 9 670 驼和 2 705 车，合计 377 万斤。俄国的各种毛皮、呢绒、棉线、多脂革、麝香、马鹿角、金砂，中国的各种茶叶、绸缎、绫罗、绢纱、瓷器及工艺品等云集恰克图，以至在道光年间，恰克图贸易已占到俄国对外贸易总额的 40%—60%，占中国商品输出入总额的 16%—19%。

在恰克图中俄贸易中，晋商几乎垄断了所有商品的交易。多的不说，每年单从茶叶一项的获利就数目庞大，因而也造就了一批因茶叶贸易而暴富的晋商家族。如现在山西省著名的旅游景点常家庄园的建造者就是当时榆次县常氏一族，单从现在遗留的建筑就可以想象当时常家富庶到了何种地步，可谓富可敌国。

而在与蒙古居民和商人进行的商品交易中，晋商也几乎把持了各个行当。

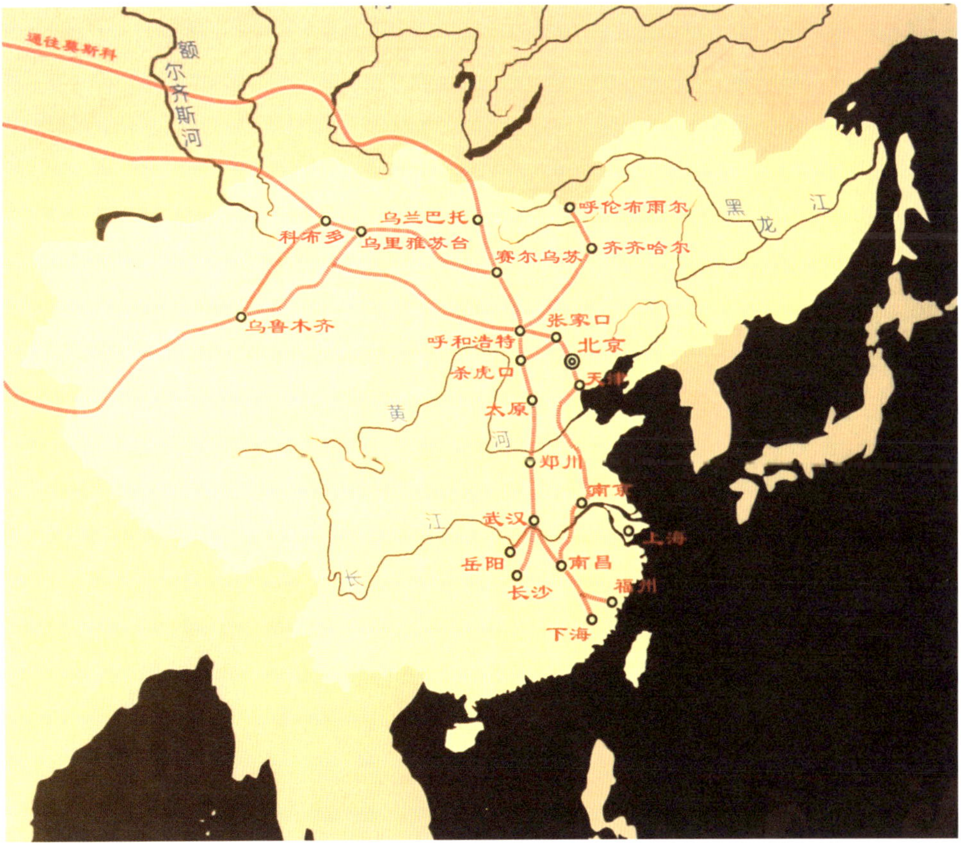

◆ 晋商对俄贸易路线图

晋商垄断对俄贸易先后长达 180 年，还把商号开设到俄罗斯帝国的都城莫斯科。

有着“旅蒙第一商”之称的大盛魁商号，经过多年辛勤经营，在蒙古地区的声望如日中天，以至于牧民喝茶只认大盛魁的茶。

五、晋商茶号经营秘诀

山西人的茶票庄遍布省内各地以及江南河北，开到了内蒙古包头甚至俄罗斯境内，在1 000多万平方千米的土地上形成了一个庞大的商业帝国。这众多的茶庄分号如何经营，成千上万的伙计账房如何管理，成为一个不得不面对的难题。而山西茶商所给出的答案是：权力集中，统而不死的组织管理模式和责权明确、赏罚分明的人事管理制度。

1. 晋商采取高度集中制的组织管理模式。

首先，财东作为资本家主要拥有所有权，一般不直接参与企业的经营管理，而是委托总经理（大掌柜），授之以资金运作权、职员调配权、业务经营权，以充分发挥其才干，即所谓的所有权与经营权分离。

其次，总经理坐镇总号，除管理总号内部各项事务外，就是对各地分号进行宏观调控。总号实为晋商票号的权力中心，凡经总号集体研究，由总经理最后定夺的经营决策、业务方针、存放汇兑等各种规章以及人事管理制度，上至经理（包括分号老板），下至一般伙计，必须不折不扣地遵行，不能有丝毫违背。否则，即以违反号规论处。

第三，分号经理，也称掌柜，拥有所在商号的业务开拓权、资金运用权和人员管理权，但机构设置、资金调度、人事任免和盈利分配等重大权限均由总号控制。分号实际上是总号根据经营种类或区域范围下设的从属部门，虽然年终或账期也须向总经理及财东汇报经营绩效，但衡量标准不仅仅是看其赢利多寡，更重要的是看该分号对整体企业集团实力的增强作出多大贡献。

第四，无论总号与分号，其内部人员设置的原则都是因事设人，绝不因人设职。每个商号一般从业人员在10人左右，其中大掌柜即经理是决策人物；二掌柜处理日常事务，负责对外联络、安排每日饭谱；三掌柜（也叫柜头）总管柜台业务；内事先生（又称管账先生）监管文书、出纳及金银首饰等贵重物品的保管；柜员 2 至 4 人，经办具体业务事项；学徒 2 人，协助柜员打杂。祁县复恒当设置人员的标准是“紧七慢八”。就是说 7 个人紧一点，8 个人就比较宽松。所以店员一般为七八人，绝不超编。精干的机构设置增强了店员的责任心，充分调动了其积极性，大大提高了商号办事效率，减少了管理费用，为山西商人资本的稳定、发展和繁荣提供了可靠的组织保证。

2. 责权明确、赏罚分明的人事管理制度。

晋商对经理的选用可谓一丝不苟。在经理聘用之前，财东要对此人进行严格的考察。为了解其德行，财东除亲自与此人面谈并参考同仁及知情人对他的评价外，还要设下种种局情，以观察和考验其品行是否过硬。为确定其能力如何，更是费尽心机多方查证，直到确信此人足以胜任方肯聘用。一经聘用，财东即对经理充分信任，将资本、人事、业务、管理全权委托经理负责，使之具有无上权利。

经理的薪金（固定合同收入）和股份收入（剩余收入）由财东决定，并远远高于普通员工。财东根据经理的业绩，在年终或账期增减其薪金和股份，并通过在公开场合抬举业绩好的经理，羞辱业绩差的经理，制造一种精神鼓励或压力。据说，每届年终各地经理齐集总号汇报工作时，由财东设宴款待，赢利多者坐上席，东家敬酒上菜，热情招待；赢利少或出现亏损者居下席，自斟自饮，受到冷遇。如果两三年都居下席，用不着财东说话，经理便自动辞职了。

山西商号对从业人员的管理也十分严格。对他们的考察概括起来有“十不准”：不准携带家属、不准嫖妓宿娼、不准参与赌博、不准吸食鸦片、不准舞弊营私、不准假公济私、不准私蓄放贷、不准贪污盗窃、不准懈怠号事、不准打架斗殴。如若违反号规，则由本人、掌柜及保人三方当面交割开除出号，永不续用，其他各连庄分号亦不得录用。这些号规的实施，加强了对职工的约束，使晋商树立了良好的企业形象，赢得了广泛的赞誉。

为了加强商号的自我约束，除严格号规外，还进行经常性的突击检查。如大德通票号大掌柜、二掌柜（或委派资历较深的职员）每隔若干年都要到所属各分号进行工作视察，谓之“阅边”。这种工作视察是突然性的，并不预先通知，更不允许分号之间互相通报消息。“阅边”制度对于总号了解分号的业务状况，健全各分号的自我约束机制，促进分号的工作，起到了积极的作用。

六、茶界巨商——榆次常家

常家原籍太谷县惠安村，于明代迁至榆次车辋刘家寨。明代时的常家比较贫寒，车辋村地处榆次南端，为半湿润的盐碱区，水味咸苦，不宜食用。常家第三世的常廷和、常廷美、常廷玉兄弟齐心合力打得一口井，井水不仅水质好，而且水量大。三兄弟敞开大门，让全村人都来院子里打水，因此在村里深得人心。

到了清康熙年间，常廷美的后代常威及他的两个儿子常万玘、常万达辛劳经营，常家方才富裕起来。刚“下海”时，常威父子远赴张家口摆摊贩布，

常家庄园

常家庄园一景

收入很少，仅勉强度日。其发迹传说是缘于一次好运。一次，常威购进的一批白布刚刚运到，恰逢一位亲王去世，官府强令全城百姓披麻戴孝，这批白布顿时走俏，销售一空，一夜之间他就发了一笔大财，淘到了经商后的第一桶金。从此常家的生意蒸蒸日上，并在街面买下了店铺，起名“常布铺”。

《恰克图条约》签订后，常氏抓住这一大开中俄贸易的契机，以经营茶叶、丝绸为主进行对俄贸易，福建、湖南、江西等产茶区都有常家分号专派的采茶人员。他们坚持晋商以诚信为本的原则，发挥卓越的远见和谋略，生意越做越大，很快就得到俄商及俄国政府的重视。中俄边境的恰克图、俄国境内的莫斯科、耶尔古特斯克、赤塔、新西伯利亚、巴尔讷多、巴尔古金等城市，乃至西欧的一些国家都有常家茶庄的分号，茶叶之路的长度达到了 5 000 多千米。

业务扩大后，常氏商业集团将总部设在张家口，将店铺分为“十大德”和“十大玉”两大部分，前者由常威的大儿子常万玘“世荣堂”分支经营。常万玘因住在村南，人称“南常”。“世荣堂”先后开设了“大德川”“大德美”“大德昌”“大德常”“大德成”“大德亿”“大德懋”“大德光”“大德正”“大德丰”10个大商号，并称“十大德”。“北常”以常万达为代表，为“世和堂”。“北常”有十家带“玉”字的商号最著名，号称“十大玉”。从此，常氏集团成了众所周知的商界老大。

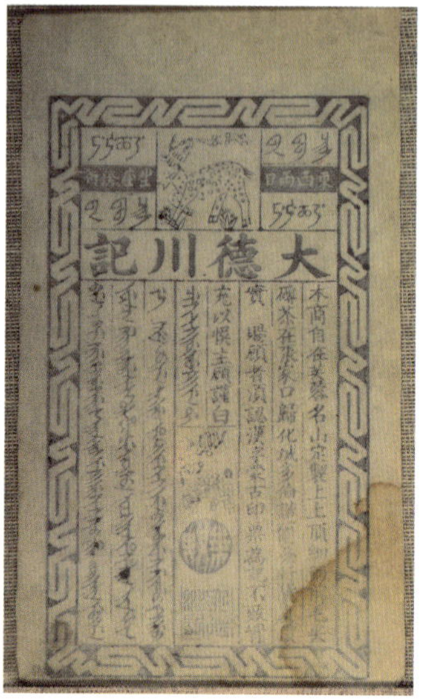

大德川记茶庄广告单

在以常家为代表的对俄晋商的努力下，对俄贸易额由雍正六年（1728）的1万余卢布增加到了乾隆二十年（1755）的83万卢布，乾隆二十五年（1760）猛增到了135万卢布。而到嘉庆初年常万达去世，怀玗、怀玠、怀珮三子和孙辈秉字10人，重孙辈30余人承祖业主持常氏对俄贸易时，中俄恰克图贸易额已经高达800余万卢布，道光

常家庄园一景

常家石芸轩书院

二十一年（1841）达到 1 240 万两，80 年增加了千余倍。常家在中俄贸易中所起到的作用是举足轻重的，当然，其财富也迅速增长，可谓富可敌国。

常氏由商起家，传至十世时，已有“世兼儒贾为业”之称。常赞春先生是第十四世传人，生于清同治十一年（1872），字子襄，号迂生，晚年自称辋老人。因出身书香门第，幼年得家风熏染，加上本人的聪慧好学，成绩卓著。光绪二十八年（1902），进入山西大学堂中斋进修。同年秋，与其弟旭春参加山、陕合并举末科举试，兄弟同榜中举，一时传为佳话。宣统元年（1909），常赞春被山西省保送，以第一名的成绩考取京师大学堂（北京大学前身）。常赞春先生是山西近代著名学者，其书法、文学、绘画、金石考据、教育、收藏等都在山西乃至全国产生了很大影响，是晋商中并不多见的硕学鸿儒。

延伸阅读

山西大学堂：今山西大学前身，与京师大学堂（今北京大学前身）、北洋大学堂（今天津大学前身）并立为辛亥革命前国内仅有的三所新型大学，并于 1918 年 7 月列入国立范围，被称为国立第三大学。直至此时，全国公立（官立）大学仍只有北京大学、北洋大学和山西大学三所。义和团运动之后，清政府为顺应潮流维护统治实行新政，兴办学堂为其教育改革之主要内容。山西巡抚岑春煊即遵朝廷谕旨于 1902 年设立山西大学堂，以太原文瀛湖南乡试贡院作为临时校址。学校设有中学专斋和西学专斋两个部分，西学专斋由英国传教士李提摩太建议兴办并任总理，为中国近代高等教育史上中西教学共为一体之先例。

第四节　以物换钱的古行当——典商

在金庸先生的小说《飞狐外传》里有这么一个情节：胡斐带着一套上好的锦绣大衣去一家店里换钱，他把衣服给了掌柜，然后问掌柜的这衣服能换多少钱。掌柜的回答道："二两。"胡斐急了："这上好的锦衣再怎么的也能值十两，你这杀价也杀得太厉害了吧？"可掌柜的硬是没松口，最后胡斐还是同意了换二两白银。接着，伙计拿过帖子，一边写一边念到："今收到破衣烂袄一件，虫吃鼠咬，光板没毛！"胡斐一听不干了："什么？破衣烂袄？这可是上好的绸子做的！"伙计赶忙解释道："这是我们这一行当的规矩，都得这么写，以防备您将来取回东西时变旧喽！"胡斐进的这家店就是在我国古代社会生活中到处可见的当铺。

典当行在我国古代社会生活中发挥着巨大作用，是民间应急、政府征税、货币增值、稳定市场的旧时金融机构。而山西典商在全国典当行中实力最为强大，为清代社会经济的发展作出了很大贡献。

关键词：为典当业"洗冤"　山西典商实力雄厚　成长因素　经营范围　组织特色

一、别老把典当想歪了

典当行，亦称当铺，是专门收取抵押品而放款的特殊金融机构。《大不列颠百科全书》（1998 年版第 9 卷）对于"典当行"的含义是这样阐述的："典当是接受家庭用具或个人财物作抵押贷款给顾客的行业。典当业是人类最古老的行业之一，在中国二三千年前即已存在，西方典业可上溯到中世纪。"在人们心目中，漆黑的大门、高高的柜台和屏风、冰冷的面孔和古老的吆喝是当铺的标准形象。

新中国成立后，通过对旧社会金融行业的社会主义改造，典当业这一行当早已离开了人们的视线。在计划经济体制下，典当业没有它存在的价值，所以，一直到改革开放前，典当业都没有再出现。现代人提起典当行总觉得

当铺

很遥远，只有在电视里或书本上才存在，对这一行业的了解也微乎其微。

在很多人的印象里，典当商就是在大雪纷飞的日子里从贫苦农民身上剥去他们唯一一件棉袄，但却只付给一碗粥钱的人。当铺老板几乎就是周扒皮和黄世仁的合体，是广大民众天生的死对头，是该批斗的对象。如果您还是这么看典商的话，别急，我就以清代典当业中实力最为强大的山西典商为例，给您说说他们还干过啥。

1. 山西的典当税在全国名列前茅，是国家财政的一项稳定收入。

山西是清代开设当铺较多的省份之一，清政府国家财政收入的一项重要来源正是典当税。自明清以来，山西典当业的发展状况一直居于全国前列，境内许多地区都以典当税为大宗征税项目。据《山西赋役全书》记载："嘉庆十二年（1807）代州征当税银300两，为纳税行业之大宗。"乾隆二十一年（1756）繁峙全县共征余税银241两3钱9分2厘，其中当税银85两，占余税银总额的35%，居全县6个纳税行业之首。乾隆二十二年（1757）清源县共征杂税银1 348.4两（包括六项），其中当税最多，为675两，占杂税银的50%。清代太谷年均征税银4 305两，其中当税460两，是除盐课之外的第二大纳税行业。据资料统计，康熙二十四年（1685）全国共征典税银38 475两，山西则征银6 450两；雍正十八年（1740），山西所纳典税跃居全国第一，共计13 010两，约占全国当税总额的26%；乾隆十八年（1753），山西的典当税收猛增到25 875两，占全国当税总额的35%，是第二大省直隶的1.7倍。

可见，典当业作为国家税收的一项重要来源，是其较为稳定且可以逐年增值的一笔财政收入。

2. 除正税之外，山西典当业还通过各种各样的无偿捐助在赈灾、水利、办学等方面支持了国家财政。

光绪三年（1877）大旱，（孝义）县内外当行赈银救急，境内有 27 家当铺共捐赈银 2 129.4 两，外埠的 4 家当铺共捐赈银 2 380 两。（平遥）县内 30 多家当铺共捐银 6 500 两，捐钱 5 000 千文。清政府还通过明文规定使这种偶然的捐输固定化，据《山西全省各府厅州县地方各款项说明书》载：“光绪二十七年（1901）十一月，禀奉批准，每年定额当铺捐银二十四两。”另外，清代每遇动乱常以各省富庶之区，特别是广东、山西商人为主要“劝捐”对象。清咸丰实录中记载：“上谕，前因军饷浩繁，不能不借贷民力……各省富庶之区，以广东、山西为最，若劝捐得人，自能有济于事。”徐继畬说：“自乾隆三十八年（1773）平息四川大小金川之乱以来，晋省前后捐输已至五六次，数逾千万。”第一次鸦片战争赔款和镇压太平军，令山西绅商捐款，共捐现银 487 万两，极大地支持了清政府的军事开支。虽然捐输的不只是典商，但山西典当业向以规模宏大、资本雄厚著称于世，因此所承担的数额自然不少。

◇ 晋商当铺招幌

晋商当铺门前普遍挂有招幌。

3. 收录大量公款并出具利息，为事业性、行政性支出提供活动基金。

山西典当规模大、资本雄厚且信誉较高，因此朝廷拨款、地方各级官府之收入以及仓储、善堂、学校等民间各种基金多存于西典取息，以满足官府、社会的各种日常费用，如补贴兵丁、缉捕盗贼、兴修水利、扶持教育、救济贫民等。有关于此，许多史料都有记载。乾隆二十七年（1762）七月，山西巡抚明德奏："查晋省当商颇多，亦善营运，司库现存月款，请动借八万两，交商以一分生息。五六年后，除归旧帑本外，可有息本银七万两，每年生息八千六百余两，足敷通省惠兵之用。……倡旨允许。"

4. 为清政府回收和发行铜币，稳定市场物价。

清康熙至乾隆年间，社会经济迅速发展，对流通货币的需求大为增加，但实际流通中的货币数额远远不能满足需要，甚至出现"钱荒"。因此，如何给市场充分供应官铸铜钱，控制银钱比价，防止私铸等，一直就是一个棘手的问题。

典当业放款零星且取赎较多，因而每天收支铜钱的数量往往超过钱庄和银号，于是当铺便成为社会上经手出纳和积存铜钱最多的行业，也是上市买卖铜钱数额最多的行业，有时也能刺激市场银钱比价。因而清政府要求他们千方百计收当或兼营兑换业务，以吸收民间铜钱送官局发卖，以便通过当铺所具有的能够操纵钱价的力量去稳定因钱荒造成的物价波动。具体办法即如乾隆三年（1738）御史明德在上疏中所提出的：一为限制各当铺存钱数，"大当只存钱七八百串，小当只许存钱一二百串。其余概令拨出市卖，违者照例治罪"。二为规定典当物价所值在一定数目以上，只许支付银两，不付给铜钱。"嗣后当铺除银六钱以下仍准当钱，六钱以上惟许当银。"其主要目的都是为了防止囤积钱文，加速流通，尽量减少铜钱头寸，增加白银的使用量，借以缓解钱荒的严重性。

以上几点只是典当业在社会经济中发挥的一部分作用，而作为与底层人民生产生活联系最为紧密的行当，它在人民生活中所发挥的作用更为巨大。所以，我们看待典商，不应再以以前的阶级对立眼光来判断，他们不是天生的魔鬼，别老把典当行想歪了。

二、不简单的山西典商

典当业是近代以前我国社会中最重要的金融行业，而山西典商正是明清时期在全国典当业之中占有举足轻重地位的行帮。

山西人善于经商由来已久，在钱业方面，经营放贷的票号、账局、典当号称三大支柱，其中典当业规模宏大，蔚为壮观。明人李燧在其《晋游日记》里称全国之“典肆，江以南皆徽人，曰徽商。江以北皆晋人，曰晋商”。清代山西是全国开设典当最多的省份，据资料统计，雍正十八年（1740），山西典当数位居全国第一，共有 2 602 家，约占全国总数的 26%；乾隆十八年（1753），全国共有当铺 18 075 家，山西省则有 5 175 家，占全国总数的 28.6%。即使在晋商衰落的光绪年间，山西典当在全国依然占据很重要的地位。光绪十年（1884）前后，北京以外的当铺 7 000 余家，山西省则有 1 773 家。由此可见，典当业是山西商人经营的一大行业，是其获利的主要手段。

清代以来，晋商经营典当业不遗余力，其中灵石、介休、孝义人尤为擅长。陆国香《山西之当质业》一文中曾记述：“清代天津、北平、山东、河南、张北等地，其典当几乎全系晋商所经营……在前清末叶，上述各地之典当亦有他省人投资而转让者惟掌铺伙友等，仍以晋人充当，其中以灵石、介休人居多。”“山西灵石县

太古曹家大院三多堂全景

杨氏，巨族也，以豪富多，在京师开设当铺七十余所，京中人呼之‘当杨’。”清道光年间，孝义县人在外埠开设的当铺，北京有集义当、源合当，天津有积善当、天合当，张家口有茂丰当，宁夏有晋义当和晋永当。

山西人开设的典铺，分布极广，从省内到省外，从繁华都市到县城集镇，到处都飘扬着西典的招幌，以至“凡是中国的典当业，大半系山西人经理”。尤其在北方城市，晋商更是占有举足轻重的地位。庚子以前，在东三省经商的山西商人，其营业除票行、粮行、烧锅行及杂货行之外，更有当行。尔时典当三十余家，全为晋人专业，每家资本三五万不等，以太谷人居多数。其在两江两湖之营业，则乾嘉之间，有“上至绸缎、下至葱蒜”之谚，盖其杂

货行营业之法，外为杂货，内为典当也。沿江各埠开设之典当不下四五百家，且皆自出纸币，通行无阻。介休冀家在湖北襄阳、樊城和山西平遥一带开设70多个商号，以当铺为主；靳姓、王姓在河北经营当铺曾著称一时。其在冀、鲁、豫三省，则清时随处皆有晋人之当铺，而尤以鲁省为多，豫省次之，冀省则多在北平及天津。在鲁晋盐号与当铺并称，皆极一时之盛，临汾、汾城、洪洞等县之富翁皆由此起家。余如张北、陕垣，亦莫不有晋帮典商之足迹。

晋商在北方各省的典当业中占据支配地位。除北方外，山西典商的足迹也到达南方，尤其是江浙地区。明清时期江浙地区商品经济空前发达，兴起了众多的新兴市镇，为典当业的发展创造了有利条件，故大批山西典商活跃于此。光绪九年（1883）十月廿二日《申报》记载，“闻有山西某翁父子，今春挟资重金游扬州，将择利而行之”，一开始想开大汇票局、钱

延伸阅读

《申报》：为近代中国发行时间最久、具有广泛社会影响的报纸。原先全称《申江新报》，创刊于清同治十一年三月二十三日（1872年4月30日），创办人为英商安纳斯脱·美查。1949年5月27日，中国人民解放军接管上海防务后，因为《申报》为中国国民党官方报纸而宣布终刊。前后总计经营了77年，共出版25 600期。

大德恒

百川通

庄、银号，“又见招摇撞骗，专倒客帐 ，恐为拖累”。“于是父子谋定于江宁、苏州、武昌各开二典，于扬州开四典，挈眷僦往扬州。每典先发本银二十万两……今已遣长子回晋，专选典伙来南，一切照西典古法，以杜亏账放火伙遁害主之患，不用一外人。”另外，《俗话倾谈》载，“山西当商，多在江南金陵大城放官账”。如此等等，不胜枚举。

山西典铺资本雄厚，规模庞大，除前述的“当杨”拥资百万以至数百万外，其他富有的山西典商见于记载的也很多。山西太谷曹家为世代富商，其资本额曾高达一千余万两，商号遍及东北、西北及华中诸大城市，且远及莫斯科、西伯利亚和蒙古。曹家主要经营钱庄、典当及绸缎药材等，其中典当是获利较大的一项业务，在各地开设了许多当铺，如徐州的锦丰庆、锦丰典，在济南亦有当铺，仅黎城一地即有曹家的瑞霞典等四座。曹家典当资本雄厚，经常收当一些资小利薄难于周转的小当铺的转当物以从中获利。晋中巨贾祁县乔家，不仅开设大德通、大德恒票号，而且在西北、京津、东北和长江流域各大商业区投以巨资经营当铺。介休冀家，除经营票号外，

10 万两银子以上的大当铺有钟盛、增盛、世盛、恒盛、永盛等遍布大江南北。祁县渠家是三晋源、长盛川、百川通几个票号的大财东，其开设的当铺遍及各大城市。张家庄杨家的当铺，从灵石到北京共开设 100 余处。在交通不发达的时代，如果没有雄厚的财力，要在相距遥远的不同地区同时经营典业是不可能的。

由此可见，山西商人在大量地从事典当业，回报稳定且丰厚的典当业也不断地回报着晋商，促成了一个个富豪晋商的出现。

三、山西典商如何会出现且壮大

山西典商的出现和壮大，不是简简单单的偶然事件，它需要各种因素的共同激发：

1. 社会贫富悬殊太大，大量贫民的存在，需要有能够临时当钱的机构——当铺出现。

明清时期，社会贫富悬殊十分严重，即使在康、雍、乾“盛世”时期，这种情况也很明显。嘉庆、道光以后，随着社会动荡，处在贫困线以下的人户增多。灾荒频繁在山西表现得尤为突出。山西地处气候干燥的黄土高原，十年九旱，据现有资料粗略统计：在清朝统治的 270 年里，全省一次受灾面积 10 州县以上的较大旱灾有 16 次，前清 200 年间 8 次，后 70 年间 8 次。在生产力极不发达的社会，风雨稍有不调，就会颗粒无收。因此，极其脆弱的小生产者经常需要小额贷金以资周转，除了向亲友求借或向宗族乡邻抵押田宅以供挹注外，更为主要的是求助于附近的当铺，将一些暂不急用的衣物、家具、农工用具等典当，以换取一定的资金以济急。

2. 清政府极力倡导并扶持典当业发展。

清政府鼓励开设皇当、官当，这成为清代民间典当业进一步发展的激素。雍正三年（1725）十月十七的一则上谕即称：“从前舅舅佟国维在日，家计艰窘，朕意隆科多必至愈加窘乏，故将朕藩邸所有之典铺赏给一处……”“藩邸”就是指雍正帝还没有即位前所住的藩王府邸，由此可见，就连雍正帝都曾在其继位之前经营过典当业，而且获利甚丰。所以一时间大小官吏竞相效仿，官宦们纷纷以开设当铺为保值生财之道，或直接投资或合股经营当铺成为官场一时之风气。

帝王、贵族、官府大都热衷于典当取利，这对“民当”的兴盛无疑具有极强的刺激作用。全国各地官当的蓬勃发展为民当的普遍出现提供了示范和启发，一般民间地主商人纷纷出资开设民当，有些人还成为专业的典商或从业人员。

此外，清政府还颁布生息银两制度，这是其对典当业支持的另一个表现。台湾学者罗炳绵认为生息银两制度确立于雍正朝，其方法是由中央“内库”或地方藩库将银贷与盐商、典商，官方收取利息，或以自开当铺、官商合办当铺等方式牟取暴利。乾嘉及道咸以后，银两生息制度继续发展，其中“发典生息”的方法甚为普遍，因而促进了典当业的发展。

3. 典当业丰厚利润的吸引。

（1）风险小，获利较为稳定。与置地招佃收租比，开当铺不必计及丰歉，旱涝保收。与一般行商坐贾相比，典当不虑货价涨落，不虑行市顺逆，只有人求于己，罕有己求于人。当铺习俗“值十当五”，即所当物件如果估价 10 两银子，只能借贷 5 两银子。这样一方面可用有限的资金多做几笔业务，多得几分利息；另一方面又可在当物过期不赎成为死当后，将其出卖，从中再赚一笔。典当一般按月计息，即使当天赎也要付一个月利息，以后每月惯例“过三不过四”，即一个月后，第四天来赎就按两个月计息。

（2）当铺税额极低。据《晋政辑要》载：“会典内载康熙三年，户部规定，当铺税例按其业规模大小，年纳五两、四两或二两五钱不等……”虽然雍正、乾隆时曾对典当业当税作过几次调整，但实际上税率并未增加，仍然为平均每家五两。当铺数千金乃至数万金的资本，而每年只纳数两典税，不能不谓之极轻，轻微的典税增强了其获利能力，使典当业更为有利可图，而丰富的利润则进一步促进了典当业的发展和兴盛。

4. 晋商资金雄厚。

典当作为专门从事抵押贷款业务的金融机构需要投入大量的资金。首先，当铺是从事抵押放款业务的，因此必须有足够的周转资金，否则在满当期内及“死当”未处理期内，当铺将会出现资金周转停滞的状况。一方面影响业务的正常运行，另一方面又会降低其信誉。此外，当铺还必须有足够的存放当物的地方，尤其是比较贵重的金银、首饰、皮毛、绸缎等须有专门的库房保管；典当财大招风，常是强盗、窃贼行劫的对象，因而又必须有一系列防盗设施；当铺还要特别注意防火。所有这些都决定了开设当铺仅建筑一项就需投入大量资金。

一般来说，民间一家较具规模的当铺所用资金应在5万两以上，这笔巨款一般商人很难承受。山西人之所以能在全国各地大量开设当铺，就是因为他们有雄厚的资金做后盾。

5. 山西商人见多识广，知识丰富，具备开设当铺的能力。

在投资中并非有钱就能开设当铺，还必须具备较丰富的专业知识和经验。一要识货，二要防骗。典物种类繁多，既有绫、罗、绸、缎、纱、绉、呢、布等各种丝、毛、棉织品，也有平民百姓的棉袄裤褂，达官贵人的朝衣蟒袍，各地皮毛土产、日用杂货、珠宝玉器、古玩礼品、名人字画、家庭器皿，足有上千万种。典铺必须对这些不同种类物品的产地、规模、特征、时价、质量做到心中有数，否则就无法估价或估价失度，或者推走顾客，或者遭受损失。典铺还会经常遇到以次充好、以近充古之事，而且一些骗子的骗术十分高明，稍有闪失，就会上当受骗。总之，经营典铺需要多方面的知识和能力，而这些经验的形成并非一日之功，它需要长期甚至世代业典才能逐渐积累起来。

山西典商不仅世代经营，而且他们不坐守一隅，还兼营他业，这样就可以从其他行业的经营中获得启示，如山西商人南下北上，

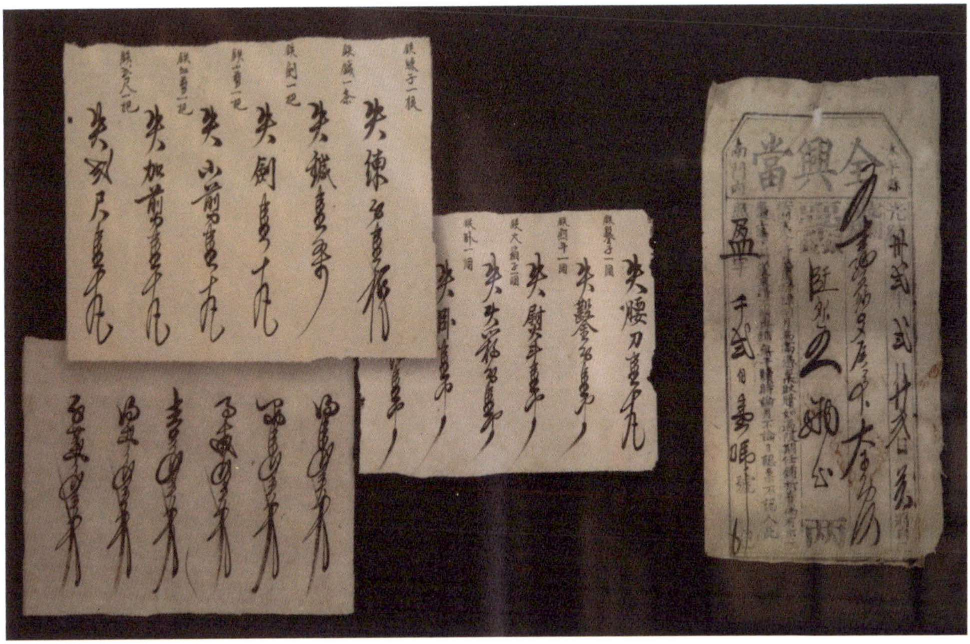

当字及当票的写法

当铺开当票时，物品名称、银钱数字，都用一种当铺行业中特殊的文字，叫“当字”。

长途贩运各种茶叶、皮毛、珠宝等，在买卖过程中可以增强鉴别能力。另外，山西典商遍布天下，可以从其他典商那里学习业典知识。这样经过世代积累，不断充实丰富，就形成一套经营典业的方法，成为人们开设当铺时众所皆依的“西典古法”。

四、西典的经营范围

1. 基本业务：放款与民，解危济困。

山西典当的放款对象主要是贫困农民、小手工业者；当物多为衣服、首饰、木器、农具等，其中尤以衣物为主，占 80% 以上，其次是农具、木器，许多当铺都专门设有仓库以便存放农户当入的各种农具；典当放款零星，每票所当以不及 1 元者为最，5 元以上者无几。这些都证明山西典当业与城乡小生产者的关系十分密切，对他们尤其农民的生产、生活起着一定的维系作用。小农在意想不到的灾难发生或生产资金短缺时，不得不质物举贷，以便

◆ 代县三义当全体同仁合影

维持生产与生活，正如明人熊人霖、清代王有光所总结的，“更喜天稍暄，絮衣更可质，一以修耒耨（即犁与锄，亦泛指农具），一以偿佣直”。尽管质物举贷的农民确实常因无力赎当而失去农具等财产变得更加贫困，甚至于破产，但是如果没有这种质物举贷的典当业，他们解决困难的途径会变得更加窄小，甚至会铤而走险做出损害社会秩序的行为。至于城镇居民，多因疾病、医药、婚丧、亲友交际及日常家用等原因而当物以资周转，待经济有所好转，仍可偿债赎物。

典当业在农村金融中占有相当重要的地位，这在山西表现得尤为突出。山西农民的借贷有 18.9% 来源于典当，远高于全国的平均水平 8.8%。以上数字尚未如实反映明清时期山西典当业在农村金融中的地位与重要性。

2. 盈利渠道：低价收货，高价卖货，赚取差价。

正如前面写的《飞狐外传》中胡斐所遇到的情况那样，当铺常常对当货贱价收入，折扣甚多。如时人李燧指出：“物价值十者，给三焉，其书券也，金必曰‘淡’，珠必曰‘米’，裘必曰‘蛀’，衣必曰‘破’，恶其物所以贱其值也。金珠三年,衣裘两年不赎,则物非己有矣。"所以,胡斐听到"虫吃鼠咬，光板没毛"而恼火，也就不奇怪了。

另外，当铺还在钱币使用、称量方面任意刁难，使典质者大吃暗亏。如当铺放款时，其银两只有九四、九五成色且每两必少付二三分，但收进时银两则要十足成色，这样一出一进，利息名为加三实则加四加五。

3. 山西典商为了扩大资本还吸收社会上的闲散资金，兼营存款业务，客户借以生息，典当则借以增加资本扩大典当业务。

其中西典吸收的最大存款项目是"官款"。官款存典即所谓"发典生息"。乾隆二十七年（1762）七月，山西巡抚明德奏："查晋省当商颇多，亦善营运，司库现存月款，请动借八百两，交商以一分生息。五六年后，除归旧帑本外，可有息本银七万两，每年生息八千六百余两，足敷通省惠兵之用。……倡旨允许。"这就是说，官府也把款项存入山西当铺之中，既可以保值，又可以吃利息，还方便在急需时临时调用，可谓一举三得。

除官款外，还有许多社会性基金也存入典铺生息。光绪年《永济县志》中记载道："先师典礼，未曾议及自知县鹿公捐银二百五十两。知府额公捐银一百两。知县孟公捐银一百两。共银四百五十两，发当商生息，每年息银四十五两，为春秋一祭之用。"典当行在社会中也兼备了票号的功用，成为当时的"二号银行"。

4. 随着货币经济的发展，山西典商还经营钱票发行。

所谓钱票，与钱庄发行的钞票一样，是由当铺签发的一种兑换券，用它代替货币在市场流通，扩大经营，同时又可赚取一定的利息。典当发行由来已久,并受到官府的默许。据《晋商盛衰记》记载："清乾嘉年间，晋商在长江各埠设典当四五百家，皆自出纸币，作现生息，每当只四五万资本，而上架二十余万，不贷客款分文，以纸币供周转，绰有余裕。"至道光年间，晋商当铺与钱铺所发行的钱票更是有各种各样的名目。

五、西典的组织特色

山西典商除了具备较丰富的专业知识和经验外，还拥有一整套先进的内部管理制度。

第一，严格的财务规则。 如：“众股东不得以股票向本号押借，违者以经副理是问”，“铺中东伙不准浮挪暂借或承保他人向本号借取”，从而保证了公司资本的安全；“贷款人名上账，得有充分抵押，不得滥放”，从而确保了贷款手续严格，避免了追款无门，有效地防止了信贷风险。

第二，精干的组织机构。典当行内部人员设置遵循“紧七慢八”的原则，因事设人而不是因人设事。在当铺中，大掌柜是决策人物，主管全号人事和处理重要事务；二掌柜处理日常事务，负责对外联络、安排每日饭谱；三掌柜总管柜内业务；内事先生兼管文书、出纳及金银首饰等贵重押品的保管；柜员 2 至 4 人，经办收当、赎当、写票、清票等业务事项；学徒 2 人，协助柜员。精干的机构设置提高了办事效率，减少了管理费用，同时又增加了店员的责任心，充分调动了他们的积极性，为当铺的稳定、发展与繁荣提供了可靠的组织保证。

第三，高标准的用人原则。山西典当坚持“唯才是用”的原则，伙友同心、事业兴旺。许多典当明文规定此原则，如祁县广和当号规第八条规定：“东伙亲戚子弟，不得私自荐用，如有用者，开会公议。”他们对伙友的选择特别严格，学徒进门要经过几年严格锻炼和考察，练字、打算盘是基本功，过不了这一关就不会被录用。经过多方面、长期的培训之后，贤者、有才能者就出师任以专职，不合格的则会被淘汰。但被选入当铺的也并非端了铁饭碗，如果触犯号规也是会被淘汰的。为培养人才，陶冶伙友情操，他们还规定了许多约束性情的号规，如铺中上下人等不准赌钱、吸食鸦片，如有犯者开除出号，不准额外长支等。

第四，有效的激励制度——人身顶股。顶身股就是只出力，不出钱，但与银股一样，有分红权利。其方式有二：一种是资本家在出资设典时对其聘

算盘和算筹

请的经理事先言明顶身股若干，以合同形式规定下来，一般为每人一股一厘，偶尔亦有一股二三厘的；另一种是普通职工进典典龄在十年以上，没有过失，由经理向股东推荐，经众股东认可，即将其姓名记于“万金账”，写明从何时起，顶身股若干，即算顶了人力股。顶身股制度可激励职工钻研业务，学习技术，尽心竭力为商号着想，从而最大限度地调动了职工的积极性，增强了商号的凝聚力。

第五节　汇通天下——票号

晋商自明初因“开中法”而兴，绵延五百年不断发展壮大。最初只在北部边镇做运粮换盐的买卖，发展至从事盐、铜、粮、布、茶、典当、皮革、药材、铁具等几乎各种行当，行程足迹遍及五湖四海、国内国外，数百年的经商历史为其积攒了大量财富，开拓了广阔市场。

道光年间，应商品贸易迅速发展的需求，山西商人运用其聪颖智慧和长远眼光，创出了被视作“中国近代银行的乡下祖先”的票号业。这一行业的横空出世，使得幅员辽阔的国内市场上原本凝滞的商业血脉顺畅起来，整个社会的财富随着这种顺畅得以迅速增长。山西票号获得了“汇通天下”“九州利赖”的名声，得以名扬海内外。

关键词：山西票号出现的原因　第一家票号“日升昌”　山西票号发展壮大　从事业务及经营方法　祁县乔氏家族

一、追根溯源

为什么票号出现在山西而不是徽州、扬州甚至北京？为什么能把票号做大做好做强的是晋商而不是徽商、浙商抑或湘商？为什么山西票号能迅速兴起并且显示出强大的战斗力？这些问题可能让很多人疑惑。现在，就让我们共同来分析分析。

票号作为商品经济的必然产物，它的产生必须有几个条件：商品经济的发展作为土壤，有相当雄厚的商业资本，其商业机构需遍布各地以及民间通讯相当发达等一系列客观条件，同时又要有一批熟悉存放款业务和汇兑业务的专业人才。即使在一些商号中开始经营少量汇兑业务，也只能看作为便利自己或亲属经商的方便而产生的偶发现象。只有这种现象频繁出现，形成规模，并从商号中分离出来以盈利为目的而专营存放款和汇兑业务，才能看作是票号的产生。所以，在具体考察时我们应看其产生条件是否具备，否则便是无

◆ 平遥协同庆票号

平遥协同庆票号成立于咸丰六年（1856）。总庄设在山西平遥城内，分庄遍及全国33个城镇。重点是西北和西南地区，公元1914年歇业。

票号账目往来

源之水，无本之木。晋商恰恰具备了兴办专营汇兑和存放款业务机构所必备的主客观条件。

1. 商业机构遍布天下。

晋商自清代进入鼎盛时期，其商业网络已遍布国内大江南北，长城内外，并延伸到整个北亚地区。同时，在商业企业组织形式上，出现了“分号制”的独资或合资企业。所谓“分号制”，即财东独立投资或合伙投资办商号，总商号又分设若干分号于全国各大商埠，而且商号与分号又可投资办小商号，类似于近代资本主义国家通过控制股权形成的母子公司。

另外还实行联号制，即由财东投资办若干不同行业的各自独立经营核算的商号。在业务上相互联系、相互服务、相互支持。这种网络体系近似于现代企业集团，如太谷曹家的企业共有 13 种行业，640 多个商号，3 700 多名职工。祁县乔家在北京、上海、沈阳、天津等 26 个城镇设立总号与分号。

这种组织机构使晋商分支机构众多，业务覆盖面扩大。其活动范围不仅延伸到黄河流域、长江流域、云贵高原、青藏高原、东南沿海、东北、西北，而且东渡日本、朝鲜，北出俄国、欧洲，到处开展商业活动。例如，北京是各商帮云集的城市，建立的商馆也多。据统计，现存清嘉庆以前会馆碑刻资料共 23 个，其中晋帮会馆 13 个。这说明晋商足迹遍天下，势力很大。

2. 拥有雄厚资本。

晋商能够开创票号的另一个主要条件就是它拥有雄厚的资本。在明代，山西商人的资本就超过了徽州商人。进入清代，尽管山西南部富商有所变迁，中部富商却迅速发展起来。在仅介休、太谷、祁县、榆次等地拥有700万—800万、300万—400万，少则30万—40万资产的财东就有14家。徐珂《清稗类钞》中记载："山西太谷县孙姓，富约二十万，曹姓、贾姓富各四五百万，平遥侯姓、介休张姓富各三四百万，榆次县许姓、王姓聚族而居，合计家资各千万，介休县百万之家以十计、祁县百万之家以数十计。"韩邦奇《苑洛集》中也说，在南京的山西商人"挟大资者巨万，少者千百"。另外，"向来山西、徽歙富人之商于淮者百数十户，蓄资以七八千万计"。"山西亢某，家巨富，仓庚多至数千，人以'百千'呼之。"这样的记录在清代史籍中比比皆是。由此可见，很多晋商拥有雄厚的资本，这为其开创票号奠定了坚实的经济基础。

3. 一向有良好的信誉。

晋商在长期经营过程中建立了良好的信誉。其经商"虽以盈利为目的，凡事则以道德信义为根据……故才能通有无……近悦远来"，其处身立世之说也与士无异。晋商王文显年少时曾数次参加科举考试，不幸都名落孙山，于是决定转而经商。他善心计，识重轻，适时机变，恪守信义，40年间足迹几乎遍布半个中国。他训诫其子曰："夫商与士异术而同心，故善商者处财货之场而修高明之行，是故虽利而不污。……故利以义制，名以清修，各守其业。"这正显示了晋商以义制利，诚信为基的经商理念。而且，很多旅蒙晋商为适应当地牧民缺医

◇《傅山女科》及针灸银针

旅蒙晋商要求从业人员学习掌握些简单的医药知识，随身携带简单的医疗用具，免费为经商地居民做医疗服务，用以建立信任和沟通感情。

少药的生活，要求从业人员都要学习针灸，在蒙古遇到牧民患一般疾病时可帮助治疗，这样就可取信于牧民。此后，牧民购物便不问其价格，争相购货，没钱可以赊销，或以羊牛马交换。由于晋商在经营中“重信义，除虚伪”“贵忠诚，鄙利己，奉博爱，薄嫉恨”，反对以卑劣手段骗取钱财，其商事得到长足发展，“崇信重诺”的名声也广为流传。

4. 民间通信事业有所发展。

随着城镇工商业的发展，外出经营、做工人数的增加，民间通信愈来愈成为普遍的要求，从而有了民信局的产生。这样，不仅有利于商品经济的发展，而且使山西票号的产生更具可能性。

19 世纪初，由于城市经济的发展，民信局应运而生。最初，它由浙江宁波商人创办，开设于南北城镇间，沟通了江南与北方的联系。民信局采取了总分号制，设分局于各城镇间，并采取相互委托代理的制度，故能通邮天下。信局信件运送，水路以舟，陆路以车，近路以脚夫。“信函之外，兼可捎带银钱杂物，民皆便之。”从此，结束了几千年来我国书信难通的历史。

民信局始设于南北，继则沿长江向东发展。据调查，汉口在 1822 年，由湖南商人胡南昌开设了“胡万昌”民信局；重庆在 1823 年，由商人陈松柏开设了“松柏长”民信局。从此，民信局日益发展，遍布全国主要工商业城镇，组成了规模很大的邮递网络。

民信局的产生，是城市经济发展的结果，是社会发展的必然。民信局的问世，不仅结束了我国民间通讯落后的历史，而且为商品经济的发展，全国各个市场的联系以及统一市场的形成，提供了传递信息的条件。民信局的发生发展，为山西票号的产生创造了客观条件，因为作为银行业的票号，要在全国范围内开展汇兑业务，没有邮递组织为其传递，那是根本不可能的。

综上所述，晋商遍布于天下，资本雄厚，坚守信誉，加之民信局的产生，在机构、资本、信誉及信件邮递等方面为山西票号的产生准备了条件。因为商人要由别的行业改营银行业，特别是汇兑业，没有分支机构及信件的邮递是不行的。如果资本不多，社会信誉不高，客户不信任，要广泛开展汇兑业务也是不可能的。

二、票号出世——日升昌

商品经济的进一步发展，到清乾隆年间达到顶峰，逐渐形成全国性的四大市场，即“东苏州、南佛山、西汉口、北京师”，以及众多的中小商业城镇。在全国范围内，本来呈现割据状态的各地市场之间的商业交往越来越密切。

蒙古商人运着皮革到山西、山东去贩卖，福建商人载着茶叶、丝绸在宁夏、新疆来出售，来自山西的汉子一大清早就赶忙把老陈醋运到杭州西湖畔的酒楼里，安徽财主带着十几号伙计在北京的集市上挑肥拣瘦。更有甚者，江苏扬州的丝绸商大老远跑到俄罗斯的冰天雪地里，却只穿着一层薄薄的丝质衣服来做广告，山西介休的一介商人却在东瀛扶桑国的市场上拿着苹果、香蕉招日本人民嘴馋，诸如此类的现象举不胜举。

大家都高高兴兴地挣到钱了，却发现一个问题——这钱不好往家拿啊！一整箱的金珠银块驾马拉驴地往家运，路上安分不安分不说，单是这耗费人力物力就让大家头痛不已。而且，钱不只是拿来往地窖里存的，它更大的作

◇平遥日升昌

中国第一家票号——日升昌。

用是作为商业流通的血脉在不同类型不同身份的商人手里流来转去。所以，要顺应商品经济大发展的局面而获得更大收益，商人们就必须解决“如何能在需要的时候拿到需要的钱”的问题。

公元 1823 年前后，清道光初年，在山西平遥县城，一家名叫“日升昌”的票号诞生了。

平遥县达蒲村李大全兄弟在村里设有制作颜料的大作坊，并在平遥城西大街和京师崇文门外草厂十条设有西裕成颜料庄。在发展过程中，李家逐渐成为平遥颜料商中数一数二的富户，西裕成颜料庄的实力也越来越雄厚。

在经营颜料买卖过程中，西裕成的大掌柜雷履泰深感平遥、京师间货款靠起镖运现，既费时费资又担风险，一旦路途银两有失，就会给经营带来困难。于是，借鉴京师商号和商人兼营会票的经验，他萌生了在京、晋山西商人之间用拨兑代替运现的想法。刚开始兼营拨汇业务时，先是为自身及亲朋好友的货款和利润进行拨兑，后来一些商人为货款调拨也找雷履泰拨兑，这样就渐渐兼营起会票来。

随着利润增长，商界都看到了拨兑的好处，于是要求拨兑者越来越多，西裕成兼营会票已不能适应客观需求。有鉴于此，雷履泰与财东商量，决定增加资本，将颜料庄改营会票，字号取名“日升昌”。之所以取名日升昌，一来标志着新盈利途径的开辟，二来寓意会票业务的繁荣昌盛——“日升”，旭日东升，光照大地，万物复苏，一派繁荣“昌”盛景象。一些文人也为之助兴，拟一

雷履泰铜像

雷履泰（1770—1849），山西平遥县洪保村人，中国金融业泰斗——山西票号创始人，对我国金融业发展贡献颇大。

毛鸿翙画像

毛鸿翙（1787—1866），清代票号家。字振羽，平遥邢村（今喜村）人。

副对联，用木刻制成，悬挂在号内过厅两柱上：

日丽中天万宝精华同耀彩

升临福地八方辐辏独居奇

鉴于雷履泰创办票号功绩卓著，平遥县绅商在他七十大寿时，赠送一块木制金字大匾，上书“拔乎其萃”四个大字，以志纪念。

日升昌票号的创办，标志着在东方中国这个古老国度里，产生了起源于经营埠际间汇兑业的中国旧式银行业——山西票号。日升昌票号的创立把中国旧式银行业推向初步发展的新阶段。这对中国社会，特别是商品经济的发展起着积极的推动作用。

随着日升昌业务的不断扩大，票号内部经理间争夺权利的冲突也逐渐明显，矛盾主要反映在总经理雷履泰与第一副经理毛鸿翙之间。毛鸿翙（1787—1865），平遥邢村人，出生于小商人家庭，受其父毛际美影响，在少年时代便从商学徒，后来成为西裕成颜料庄副总经理，并与雷履泰共同创办了日升昌票号。当日升昌专营汇兑深为社会推崇并迅速发展之际，雷、毛二人之间却由于权力争夺产生了尖锐矛盾。雷履泰踌躇满志，唯我独尊，认为日升昌的兴盛是他一人功绩，故在人员分配、处理业务时，每每独裁独断，颐指气使，引起了毛鸿翙的不满，毛遂萌生了取代雷的念头。有一次，雷履泰染病干床，在号内疗养，但仍不放手让毛鸿翙处理号事。各地回来的分庄经理、伙友汇报情况和一切往来信件等日常业务，雷仍带病处理。毛遂向东家李大全提议，要雷暂时回家休息。当李大全向雷履泰表明让他回家休息的意向后，雷敏锐地感到这

李财东向雷履泰道歉

蔚泰厚

蔚盛长

是毛的计策，便以要撤销日升昌在各地的码头相要挟，李顿感不妙，为了挽回僵局，亲自给雷下跪，并将票号的经营大权完全交给了雷。毛鸿翙看到这种情况，自知再干下去于己无益，便告辞出号。一场纷争以毛鸿翙被挤出日升昌而得以平息。但这一分裂，却在一定程度上促进了山西票号繁荣局面的出现。

毛鸿翙被挤出日升昌后，便投靠介休北贾村侯氏家族，将侯氏在平遥县设立的蔚泰厚绸缎庄首先改组为票号，决意与日升昌一争高低。随后，又先后将侯氏的天成亨、蔚盛长、新泰厚和蔚丰厚等绸缎布庄改组为票号。这就是山西票号史上著名的“蔚字五联号”。

日升昌和蔚字五联号在雷与毛的激烈竞争中获得发展，且盈利颇丰。巨额利润吸引了大批拥有雄厚资财的山西商人纷纷仿效，从而使山西票号迅速发展起来。从 1823 年左右到 1852 年，山西票号由一家发展到多家，由平遥一县发展到三县，开始形成祁县、太谷、平遥三帮票号的雏形。

三、繁荣发展

自道光初年雷履泰创办日升昌票号到道光七年（1827）秋冬，山西票号的势力已发展到鲁、豫、秦、苏等省，从而使北方五省直、鲁、豫、晋、秦商人去苏州贩货每年需运去数百万银两的状况变为“各省商贾具系会票往来，并无现银运到”。这一时期票号在业务上由办理国内汇兑拓展到兼营大宗存放款业务。道光二十七年（1847）末，“蔚泰厚”苏州分号已有存款36 000两，放款80 000两。道光三十年（1850）“日新中”北京分号有存款近37 000两，放款近70 000两，票号将存款、放款与汇兑相结合，利用承汇期占用客户款项，进行放款生息。票号收入甚丰，除汇费收入和压平擦色（即收付银两时，在平码上银色高进低出的盈利手段）收入外，还有存放利差的收入。

巨额的利润吸引了一大批晋商投资于票号业，使其发展非常迅速。至道光末年（1850），票号已发展到11家，其分号拓展到北京、张家口、天津、奉天、济南等27个城市。一个分号一年的汇兑业务量在50万至120万两之间，放款业务也有30余万，以至出现《显志堂稿》中记载的“今山西钱贾……散布各省，会票出入，处处可通”，正式形成了山西票号中的祁县、太谷、平遥三帮。平遥帮的代表有日升昌、蔚字五联号、协和庆、协同庆、百川通、乾盛亨等；太谷帮的代表有志成信、协成乾、世义信、锦生润、大德川、大德玉等；祁县帮的代表有合盛元、大德兴、大德通、元丰久、三晋源、存义公、大德恒等。

正值山西票号初兴之际，江南爆发了太平天国运动，清政府财政拮据，票号遂借此契机，改变服务方向，从为商人服务转向了与清政府的结合并获得迅速发展。其吸收汇款、存款的大多数也变成了各省官府机构的公款以及地方

延伸阅读

太平天国运动：19世纪中叶的一场大规模反清运动，也是我国历史上规模最大的农民起义。由洪秀全、杨秀清等在广西成立拜上帝教并于1851年发起金田起义始，至1864年被湘军攻下南京终，余部于1872年在贵州大塘覆灭。最盛时，于南京建立政权，改南京为天京，国号“太平天国”。政治纲领为《天朝田亩制度》，体现了农民阶级要求废除旧有封建土地所有制的强烈愿望，是几千年来农民反封建斗争的思想结晶。后期由于王洪仁玕颁布的《资政新篇》则是中国第一套具有发展资本主义意愿的政治纲领，但由于客观上周边环境的恶劣与主观上农民阶级的漠视而没有起到预期的作用。

贵族显宦的积蓄，正所谓“上至公款如税款、军饷、边远各省丁漕等，下至私款如官场之积蓄，绅富之储蓄等，无一不存于票庄之内”。

从同治元年（1862）至光绪二十年（1894）的30多年间，是山西票号发展的黄金时期，其主要特点有：

1. 票号数量增多，资本雄厚，达到顶峰。

这一时期，山西票号总数由前期的11家发展到28家，在全国70多个城市都设立有分号。除山西平遥、祁县、太谷三帮票号外，“南帮”票号开始出现。封建官吏杨玉科，江浙商人胡光墉、严信厚和云南商人王兴斋等先后开办了云丰泰、阜康、元丰润、天顺祥等票号。南北票号之间的激烈竞争形成整个票号业的繁荣局面。以下是黄鉴晖的《山西票号史》中记载的19世纪80年代末票号在全国各地设立的分支机构和家数。

京师

直隶：天津、张家口

奉天：盛京（1887年11家）、营口（1888年10家）

吉林（1885年2家）

山东：济南、周村

山西：平遥（1885年12家）、太谷（4家）、祁县（8家）、曲沃、安邑、归绥（1878年10余家）

蒙古：库伦（日升昌1家）

河南：开封（1885年10家）、周家口、社旗镇、道口镇

陕西：西安、三原、汉中

甘肃：兰州、肃州、凉州（1887年各2家）、宁夏

新疆：迪化（1890年1家）

江苏：上海（1882年25家）、苏州、扬州、南京、清江浦、淮安

浙江：杭州（1867年7家）

福建：福州（1885年3家）、厦门

安徽：安庆、芜湖

江西：南昌（1881年5家）、九江、河口

汇通天下匾

湖南：长沙、常德、湘潭

湖北：汉口（1881 年 33 家）、沙市

广东：广州、香港

广西：桂林（1881 年 2 家）、梧州（1881 年 1 家）

贵州：贵阳（1885 年 3 家）

云南：昆明（1885 年 3 家）

四川：成都（1885 年 9 家）、重庆

在票号家数增多的同时，其国内设立的城市由 20 多个增加到 80 多个，票号分布可谓点多面广。其中新增加的城市有厦门、汕头、上海、杭州、福州等口岸城市，南昌、九江、桂林、梧州、昆明、贵阳、西藏等边远城镇，曲沃、远城、徐州、亳州、道口镇、济宁、获鹿、热河、多伦、赤峰等内陆城镇。除在国内大中城市设立分号外，票号还渡洋出海，在朝鲜仁川，日本大阪、神户、东京也设立了分号。22 家票号在各地的总分号达 358 处，每家平均 16 处之多。

2. 票号存放款业务有较大发展，盈利空前。

蔚丰厚票号 1879 年末实际存款 647 140 两，比 1859 年增加 2.25 倍，放款 861 379 两，比 1859 年增加 2.06 倍。光绪三十二年（1906）是票号汇兑款项最多的一年。日升昌票号 14 个分号全年汇出汇入款项达 32 225 204 两，每个分号平均 230 余万两。辛亥革命后的 1913 年 9 月，14 家票号在全国 68 个城镇共有存款 25 091 708 两，放款 31 509 295 两，每家平均存款 179.22 万两，放款 225.06 万两。以此减少了的数字推算，光绪三十二年（1906）的 28 家票号存款总数当在 5 000 万两，放款总额在 6 300 万两以上。并且，由于分支机构的普及和存放款业务的发展，光绪末年的一个账期，各票号分红甚丰。

到了清朝末年，尤其是进入 20 世纪以后，山西票号进一步发展。在西北、东北地区，如西藏、宁夏、黑龙江、吉林等地都有三晋票商在那里经营，甚至在香港、朝鲜仁川以及日本的大阪、神户、东京也设立有分号。这样，在国内外总共有 100 多处票号分布在各个城市，山西票号业真正实现了“汇通天下”！

四、票号的经营艺术

每个票号开设时，须先在清政府注册，注册时按例要有其他票号经营者一起联名保证，清政府才允许其开业。这样，很多没有经营过票号的外省人想跨入这一行业，却因为很难找到联名担保者而不得不放弃，所以票号自始至终都为山西人所独占。

首先，介绍一下票号日常经营的业务，主要有以下三项：

汇兑。票号经营的汇兑，大都为票汇的一种。其汇兑的方法，是由汇款人将要汇出的金银交与票号，并告之要汇往的地点，然后通知收款人，票号即把汇票寄往目的地的分号，并转交收款人。然后由收款人持票向票号领款。依票号的规定，凡收款人欲领取现金时，每千两须征收力钱二百文，称为“双力”。如收款者为同业，则减半征收，称为“单力”。至于汇款的汇费，票号

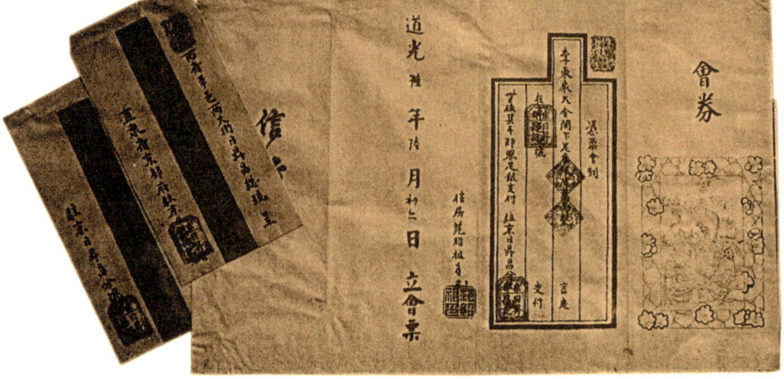

票号会票样式

同业有规定的行市，由各票号所雇的跑街随时向各商号报告。

存款。票号运用的资金，除自己资本外，尚有一般存入的“款项”。这项存款，大都为官衙的公款，如税款、军饷等。在户部银行开设以前，清朝没有国家银行，所有公款，在京则存国库，在省则存藩库。票号老板与官吏私交，便将公款暂存票号，虽然没有利息，但暗里官吏私人所得利益不在少数。此外一部分官吏的私蓄，亦大半存于票号。至于商人，则因票号利益较钱庄为低，故不愿投存。票号长存的利息，则二三厘不等。如长期的存款欲临时提取，则照例不给利息，长期存款的期限，普通以六个月为一期，但亦有以一年为期者。

放款。放款虽为票号业务之一，但不甚重视。故非于资金停滞时，票号大多不愿放款。其放款的范围以钱庄为多，商店及官吏次之。平常人则无论如何有利，决不轻许。上海票号有时亦通融资金于外国银行。

票号放款的期限分短期和长期两种。短期放款，以一个月、两个月或三个月为限；长期放款，则以一年为限。放款的利息并无一定，须视金融状况如何，普通自八厘至一分二三厘不等。如放款给官吏，因负危险较重，而利息亦较高。

发行小票等其他营业。票号发行一种临时便条，叫做小票，形式如钱庄票，稍大，旁边有花纹，凭票付款，认票不认人。小票以北京发行最多，随出随兑，自京平足银十两起至五十、一百、一千两为止。这种小票出入权贵之门，一经内眷收藏，常有三五年十数年不来兑现，其信用可知。票号有时还兼营办货为副业。

其次，晋商先进的股份制经营方法也是票号得以称雄晚清中国金融界的法宝。

票号通常实行股份制组织，其股份有正本、副本之分和银股、身股之别。

所谓正本，即财东的合约投资，每股几千两到数万两不等，可按股分红，但无股息。副本又称护本，有两种：一是财东除正本以外存放在商号或票号的资本；另一种是东家、经理及顶身股伙计在结账期从其所分到的红利中，提留一部分存入号内只领息而不分红，日本学者称为“辅股”。

银股称财力股，是财东出资并按一定的单位额分股利的股份合作形式，银股的多少决定着投资者在将来红利中的份额。身股，又称“顶身股”，俗称“顶生意”。即商号伙友不出资本，除每年应得工资外，根据其资历、表现以及对商号的贡献可以顶 1 厘到 1 分（10 厘）的身股。清人徐珂说："出资者为银股，出力者为身股。"每逢账期，身股和银股共同参加分红，但身股对商号不承担任何亏赔责任。银股所有者在商号享有永久利益，可以父死子继，夫死妻继，但对商号的亏损负无限责任。

但是，顶身股并非易事，学徒初入商号不满 1 年者，基本上只管吃饭，不付钱。待学徒期满，升任职员后，以能力定工资，工作达到三个账期者可根据具体情况而酌定身股。对无培养前途或品行不端的伙计，一般不授以顶身股资格。例如：大盛魁商号顶一二厘生意者，可管点杂事、接待客商等；顶三四厘生意者，可在柜上应酬买卖，但大事尚不能作主；顶五厘生意者，已有一定的做买卖经验，货色一看就懂，行情一看就明，生意能否成交，也敢一语定夺；顶七八厘生意者，已是商号的里外一把手，或来往于总号、分庄之间，盘点货物、核算亏盈，或奔波于天南海北，拍板大宗交易；顶九厘生意者，日常营业不管，专断重大疑难之事。

顶身股者死后，各号一般仍给其遗属一定体恤，即在一定时间内仍旧参加分红，称"故身股"。大致经理故后享受八年的红利，未任经理者享受七年的红利，顶身股六七厘者享受五年的红利，顶身股四五厘者享受四年的红利，顶身二四厘者享受三年的红利，顶身一二厘者享受两年的红利。对字号经营立有特大功绩者，还可再增一至两个账期的红利。一般以三至五年为一个账期，一经获利，皆按股分红。盈利愈多，分红愈多。银股分红利的 60%，身股分红利的 40%。

这样，拥有股份的一定会为了多分红利而努力经营，没有股份的为了可以顶份身股也一定会卖力劳作，上下齐心、众志成城，晋商票号焉能不火？而且，据史料分析可知，晋商的股份制经营思想要早于西方的股份制企业出现，山西商人的经商理念可谓独领世界之风骚！

五、乔家票号

山西祁县乔家堡乔氏一族可谓蜚声海内外。乔家众多的生意中，在全国商界和金融界实力最强，影响最大，占举足轻重地位的则是两大票号——大德通和大德恒。这两大票号构成山西票号业中祁县票帮的主干。

大德通票号的前身是大德兴。它原是经营茶叶和借贷业务的混合组织。同治年间开始专营汇兑业，1884年才改名为大德通票号，同年又开设了大德恒票号。大德通原由乔家“在中堂”“保和堂”“德星堂”合股经营，后因保、德两堂的生意经营不力，亏损巨大，而将它们在大德通票号的股份作为“在中堂”代为偿还债务的抵押和补偿。这样一来大德通票号便由乔家“在中堂”独资经营。

满清末年朝政腐败，贪污贿赂司空见惯。“三年清知府，十万雪花银”已成宦海为官的口头禅，可众官吏一个个却又竭力装出“安贫乐道”的样子，为自己博取“廉洁奉公”的牌坊。因此，朝廷上上下下、大大小小各级官吏都与票号钩挂起来以作为藏匿赃款、严守秘密的“庇护之地”。大德通、大德恒票号恰恰适应这种腐朽官场生活的需要而成为其存储机关，被世人称为清朝官吏的私人库房。曾任山西布政使的赵尔巽与大德通掌柜过从甚密，乃至于1903年赵调离山西，历任湖南巡抚、户部尚书、盛京将军、湖广总督、四川总督等职时，仍给票号大开绿灯，予以方便。无论他走到哪里，大德通的

分号就设到哪里。真可谓形影不离，随任而迁。甚至大德通运送现银也常有各地督抚派亲兵前呼后拥长途护送，犹如办理“皇差”一般，尽心竭力。

清廷封疆大吏甘为一介“草民”忙忙碌碌兴师动众，其中奥秘双方心照不宣各得其利。大德通广交官吏，不仅从兜揽的大宗赃款存汇中分得残羹余润，而且在政界也平添了许多眼线，做到“耳聪目明”信息灵通。庚子事变，西太后挟光绪帝仓皇西逃路经祁县，之所以把乔家大德通票号作为行宫，就是由于帝、后的随驾大臣桂月亭与乔家素有来往、书信频繁，提前告知銮驾将“临幸”祁县。乔家首先下手抢得这一露脸的“美差”。由此可见大德通“功力”非同一般。

祁县乔家的商业和金融业之所以发展迅速、鼎盛一时、历久不衰，自有其一套生财之道。其中，乔东家用乡土、家族关系维系乔家“社稷”堪称得心应手，独具匠心。各字号的从业人员90%以上为祁县籍人，至于各号掌柜自不待言。在任用主要经营管理人员时，乔家自有一套用人标准。从处事能力，才智优劣到品德嗜好、经验实绩等都要经过一番深入考察、品验和权衡，方才谨慎择优而用。一旦遴聘则遵循“疑人不用，用人不疑”的原则，委以重任，授以权柄，待以厚禄，敬如上宾，好似家人一般。

乔家仅凭财东的身份，每年就可坐享几十万两银子的利润。虽然如此，但乔东家仍不满足既得家业，时时想变着法儿地赚钱发财。因此，如

复胜油坊换油保诚信

何将盈利收回的“死钱”变成“活钱”，使其不断增值便成了乔财东冥思苦想的问题。甭说，他们还真是“锦上添花”、无师自通，又“发明”了一种钱生钱、利生利的“专利”。

乔致庸画像

这时虽然我国仍处于半封建半殖民地的水深火热之中，帝国主义的压迫使民族资本的发展受到阻碍和破坏，可乔财东却在夹缝中利用自身商业和金融业的发展另辟蹊径，摸索出一种既相似又有别于资本主义扩大再生产形式的“绝活儿”。乔东家把每年所得利润积累起来作为“统事”（俗称“厚成”，即追加资本）再投入到原生意里，在生产利润的流水线中“滚银球”。往往一个“统事”与原有资本相差无几，甚至大于原有资本。“统事”赚回的利润完全归乔财东独家占有，不存在与掌柜按股分红的问题，至于其他人等则更不得染指。如此一滚二转，“鸡生蛋、蛋孵鸡”，确实为乔家带来数不清的“额外”收入。仅大德通票号的资本最高曾达到200万两白银。“在中堂”其他生意的资本也今非昔比，远远高于开业资本。曾有人推论“在中堂”鼎盛时期所积聚的流动资本总额高达700万至1 000万两白银。用百万富翁来形容乔财东的富有恐怕名实不符，其实何止百万呢？

乔家在商业和金融业的经营活动中总是本着以信誉扩大影响、以信誉立足商界、以信誉求得盈利的指导思想，脚踏实地绝不做取巧渔利的一锤子买卖，更不做玷污字号招牌的勾当，即使赔本也遵从和笃守这一信条。因此乔东家和掌柜们坚决杜绝所属字号存在偷奸取巧、坑害顾客的行为。如有违反号规者，一经发现，严惩不贷。一次乔家复盛油坊榨了一大批胡麻油运往山西各地销售，经手职工为图谋厚利竟敢以身试“法”，在油中掺假。此事被掌柜察觉后，一面严厉惩处当事者，一面立即派人将货调回，另行换装。虽然这样做受些损失，但保住了字号的声誉，赢得了客户的信赖。乔家字号重合同、守信誉的美名不胫而走，省却了一笔“广告费”。

乔家之所以如此并非沽名钓誉。宁亏不伪是其多年经商的独特经营作风。

乔家大院

1930年蒋、阎、冯中原大战结束后，晋钞大幅度贬值，二十五元才能兑换一元新币。这对在晋拥有大批储户而放款却在外省的乔家大德通票号来说，无疑是必须及时做出选择的严峻时刻：是趁机以晋钞支付客户，利用贬值发一笔大财，还是动用历年公积金为提款的存户保本呢？为了维护大德通在广大客户中的信誉，乔东家果断选择了后者。虽然大德通在这次金融风潮中贴了本儿，但赢得了省内客户的信赖，备受赞誉。一待风潮过去，到大德通存款者趋之若鹜，络绎不绝。骤散之财失而复聚，利润随之节节递增。信誉使大德通在经营中吃了小亏，却又占了大便宜，其中的辩证关系迄今仍令人深思。

乔家不做见利忘义、舍义取利之事为世人仰慕，争相与之交易。但乔家各字号处“相与”非

延伸阅读

中原大战：1930年4月至11月，阎锡山、冯玉祥、李宗仁等反蒋势力联合发动的反对蒋介石中央政府的战争，是中国近代史上一次规模最大的军阀混战，历时7个月，双方动员兵力110万人以上，支出军费5亿元，死伤30万人，战火波及20多个省。9月，由于东北张学良宣布支持蒋介石并率兵入关，反蒋势力大败，蒋介石则巩固了政权，在形式上统一了全国军力。

常慎重，只有经过仔细观察品验、接触了解之后才与之共事，否则绝不轻易往来。一旦共处则善始善终，无重大变故不轻易断交。在共处过程中，遇事无论于对方有利无利都示人以宽厚仁义，不为一时一事的名利而伤害朋友交情。

1922年包头一家商号生意“搁浅”，该商号的财东杨某所欠乔家复盛全字号六万两白银拖延已久无力偿还。若乔家诉诸官府，必致其破产倒闭，但复盛全并无催逼还债之意。乔东家认为：买卖家银钱往来不是国家皇课。动不动就与人打官司，必坏了自家“门市”，对以后其他业务往来不利。与其打官司把钱往衙门里送，莫若花钱买个厚道，加深友情，交个挚友。于是派人请来赔累不堪、百般无奈的杨某，让他给自己磕了一个头便算了事，六万两白银的欠款一笔勾销。这类事情在乔家各字号并非罕见，在此仅举一例而已。其实，岂止祁县乔氏一家守信誉重友情，这正是生财有道的山西商人得以在商界立足的一贯经营作风。

乔财东认为：水能载舟亦能覆舟。商界弄潮险象环生，赔赚无常。遇到亏赔过巨、资金周转不灵，不能按期偿债亦是商界常有之事。其他小号并无威慑之力，无力与资力雄厚的乔家字号对峙抗衡，只能仰己鼻息，恰似卫星一般。倘若任其破产倒闭，难保不祸及池鱼、唇亡齿寒。况且任何买卖倒闭时，债权人无不为之受累，哪有不亏之理。与其被动地三折五扣，落不了几个钱，不如听之任之，由其自便，自己得一个乐善好施的仁义美名。因此，乔家每遇倒账之事，均采取适可而止的态度。债务人怎样还，乔家就怎样收，一向不计较争论。

复胜全一拜免债务

大顺公绒毛店欠复盛公大洋一千元，竟然只是还了一把斧头、一个箩筐。广义恒绒毛店

“毋不敬”和“慎俭德”

借复盛西五万元，仅以数千元房地产抵偿就算了结。这就难怪当时一些人嘲笑乔家“冒傻气”，并馈赠祁县人一顶“糊涂海”的桂冠。其实乔家大智若愚，貌似糊涂实则灵慧。那些得到乔家恩惠的欠债者当境况一有好转，便争相偿还欠款，以维护自己商号的声誉。其他字号、小商小贩及市井庶民也都愿与乔家往来生意，光顾其字号。乔家则来者不拒，迎来送往，广交天下友，笑纳八方财。如此这般，乔家焉有不发达之理？

祁县乔家不仅在商界以淳厚著称，就是对待乡里四邻以及家内仆佣也自有其独特之处。

出身微贱的乔家始祖乔贵发曾谆谆告诫后人不可以势压人，不准歧视穷人。至于纳妾、虐仆、嫖妓、吸毒、赌博、酗酒则更在严禁之列。乔氏子弟遵从祖训，无一人纳妾。就连只有一女的最后一位掌门乔映奎也慑于家规，不敢存有讨小妾、续香烟的念头。饮酒也只能在逢年过节或宴请亲朋时才能一解其馋。

乔氏子孙把行善赈捐看作是露脸增寿的善事，因此在家乡经常开仓赈济、捐款兴学、施舍药物并疏浚可灌溉农田 1 700 亩的永河渠。即使乔家仆佣也可得其“恩惠”，不仅可得衣、食和较丰厚的工资，而且每逢喜庆吉日还能得到东家赏赐的面、肉、柴、炭。倘遇天灾人祸，央求东家，必可领些周济之费。平日里纵然小有过失，东家也以宽容相待。为了防微杜渐，预防子弟为声色所惑，乔家所雇女仆只用已婚的“老妈子”，而不雇尚未出阁的小丫环。对于那些年老体弱的老仆则每年发给“烤火之资”，使其老有所归，颐养天年。如此“恩遇”使乔家仆佣对主人无不奉若神明，恪尽职守。乔家由此赢得个

乔家老照片

开明乡绅的名声。著名篆写家常赞春和“华北一杆笔”赵铁山为其挥笔泼墨以助雅兴。祁县东部三十六村联村，联名以“身备六行”金字牌匾相赠。清廷军机大臣左宗棠也篆书“损人欲以复天理，蓄道德而能文章”的对联一副为其昭彰。甚至在新中国成立以后的政治运动中，乔家由于人们的庇护而未受什么责难、冲击。由此可见其百年行善事笼络人心之“功力”。

既有“复字号”称雄包头乃至蒙古，又有大德通、大德恒票号助威，还有活跃于全国各地钱铺、商号、当铺、茶庄、粮行等生意辅佐的祁县邦魁首乔氏“在中堂”，虽乐行善事但也深虑树大招风，财巨引祸。特别是近代中国社会动乱不安、地方不靖。再者家族繁衍、人丁日众。遂于同、光、民国年间，在旧宅基础上陆续增修、扩展，建成一座占地 8 724.8 平方米，四周用高达三丈、上有女墙垛口、更楼、眺阁的砖墙封闭的城堡——乔家大院。

光阴流水，逝者如斯。当年耗银无数修建大院的主人虽已作古，但给三晋大地留下了“清代北方民居建筑的一颗明珠”。

福德祠

第四章

晋商与社会文化

晋商从明初兴起到清末顶峰，前后跨越五百年，行迹遍布几万里。在其长期发展过程中，不仅使自身的财富积聚丰厚，也把有着五千年悠久历史的三晋文化传播到了祖国各地，如今遍布四方的晋商会馆遗址就是当初山西商人移植文化的最好例证。了解晋商行会的发展历史及特点，能使我们更加亲近、熟悉晋商。

晋商的兴起与发展和当时山西地区经济、社会、信仰、游艺等方面的民俗密不可分；同时，晋商的进一步发展及壮大也对山西各地的民俗发展起到了巨大的推动作用。

第一节　晋商行会

山西商人在全国各地跑买卖、做生意，很多都是一年到头不回家，吃在外住在外。但话又说回来，毕竟是身在外地，经商办事常有诸多不便。常言道："甜不甜，家乡水；亲不亲，故乡人。"出门在外还是家乡人好说话，能互相帮衬。

明朝中期，在京晋商联合起来开设了北京晋商会馆，作为联络京师各山西商号、共同商讨商业事务、逢年过节设宴相聚、遇险逢危共渡难关的"在京山西人的家园"。到了清代，随着晋商在全国范围内的大爆发，晋商行会也出现在了各大商贸城市。

关键词：晋商行会起源　特点　晋商会馆

一、行会起源

山西商人发展鼎盛的一个标志是建立、健全了自治、自束、自卫的商人机构——晋商行会。

北京三家店山西会馆正殿和东西厢房

晋商商帮在会馆议事

明中叶以后，中国商品经济发展较快，出现资本主义萌芽，商界竞争日趋激烈。商人与商人之间，商帮与商帮之间，“操赀交接，起落不常，能者方成，拙者乃毁”。在激烈的竞争中，旅外同乡深刻认识到：“无论旧识新知，莫不休戚与共，痛痒相关”，必须团结同乡仕商，才能保证其产业在市场上的不断扩大。于是他们通过会馆这一组织形式，利用传统的地域观念，把商埠中同乡之人联合起来，互相支持，互相帮助，协同一致与异域商人进行竞争。于是，晋商行会也就随着这股热潮发展起来。

商业行会，起源于民间的结社习俗。“社”是民间的一种自治组织，按照民意自行形成的以敬神为中心的自治机构。随着商业发展，工商业户在固定的坊市内按商品类别排成行列，

延伸阅读

坊市制度：我国古代的一种城市规划与管理制度。“坊”，即居住区；“市”，即商业区。坊市制度将城市中的居民生活区和商业区严格分割开来，并用法律和制度对交易的时间和地点严加控制，虽便于管理却不利于商业发展。此制度萌芽于先秦时期、发展于秦汉、兴盛于唐朝，在北宋时由于政府鼓励商业活动发展而取消了诸多限制，坊市制度最终被打破。

称之为“行”。在坊巷、乡间的一种以亲睦、教养、经济上相互帮助的机构则称之为“社邑”或“社”。同行商人组织起来的自治社就是商业行会。晋商大成于明清，商人的行业组织随商业的发展而逐步形成。清中叶以后商务发达，清政府下令各地组织商会，并发布了护商会条令，规定“今后商会禀复文件，不必局限公文体制。商会对总督、巡抚用呈，对布政使、按察使以下用移”。这就是说对于商会可以破格对待。商业组织社会地位的提高，反映了商业经济的发展，商人地位的提高和作用的加强。

二、晋商行会的特色

晋商行会可分为两类：一类是以籍贯形成，并以籍贯命名，因为他们经商在外，远离家乡，同乡之间必须相互关心，相互照顾，团结一致，以防御外人欺侮，并顺利从事商业活动。一类是以职业为纽带形成的行会，这类行会命名有以神明命名的，如马王社、鲁班社、金龙社等；有以职业命名的，

开封山陕甘会馆大殿内关羽像近景

海城山西会馆山门入口

如净发社、成衣社、生皮社等；有以吉祥的词语命名的，如宝丰社、德胜社等；有以团结义气命名的，如义和社、公信社、集义社等。

晋商行会都崇祀某种偶像，以作为联结社友的纽带或精神支柱，多数晋商祀奉关帝，尊三国时的名将关云长为财神，以关公的义气教育约束同行，以关公的武功保护财产安全和经营昌隆。除崇拜关云长为保护神外，还有少数行会供奉自己的行业神灵，如牲畜行崇祀马王，酒饭行供李白、杜康，铁行供老君，纸行供蔡伦，理发行供罗祖，油漆裱糊行供吴道子，修勤行供孙膑，肉行供张飞，银钱行供金龙四大天王等等，但他们也不排除关云长。由于关羽是山西解州人，以侠义忠诚著称，历来是社会各界共同崇拜的偶像，所以山西人每到一地经商，一经发展便集资修建关帝庙。清代，仅归化城就有 7 个关帝庙。这些关帝庙既是行会的办公地点，又是晋商开会议事的场所。

晋商行会的会规，也称“规

◇社旗山陕会馆商业道德规则碑

立于清乾隆五十年（1785），为我国现存会馆类建筑中最早也最为全面的商业道德规则碑记。

牌”。主要规定会员义务、行为、会费及惩罚办法等。归化城鲁班社清道光九年（1829）的《新立规碑记》记载：“……严立新规，严其责于铺户、工头，董其事于值年会首……使无耻工作，知其新规，有所警畏，而从前隐徇掩护之弊，可以顿除也，今将新立条例开列于左，以志永远不朽之尔。”下列社规四条：一是铺户等设攒钱牌14面，字号钱数开列于上，值年会首各执一牌，按街挨户攒收，每月一周；二是铺中人员各量其资本、业务而上布施，刚出师的徒工每月以两日工资为限；三是泥、木、石、工、工头立总牌一面，每人每月以50文攒钱；四是临时工布施按两天工资由工头扣除交社，以及领签交纳。还规定值年会首及跑庙若不认真收款要罚烛10斤，应交款社员被传不到罚烛5斤，等等。“倘有不遵法者，大家举官究治。”

北京山西票号商人行会“会规”规定：“中国汇兑银号，除汇兑银两外，间有与官家、商家通融借贷之事，息银多少各有不同，书立信据，书明归还日期，即应如期归还；中国汇兑银两收交以票、信为凭，往来以折条为据；中国汇兑银两，应以本地之通行银色收交，一律两不相亏；开设商号宜慎之于始；交库上兑须益加郑重也；出银票之商家宜认真整顿；空盘不宜作为核实。”这些行规，是同业互助、同业竞争的产物，也是团伙矛盾发展的结果。

三、星中之月——晋商会馆

晋商行会组织形式多种多样，始终没有统一的规范。有的叫“社”，有的叫“会馆”，后来有的改称“公所”或“公会”，有的改用商会。其中，“社”是最初的组成形式，后来经发展出现会馆、会所以及商会。会馆为同乡商人共建，是同乡人相聚之所。而会所则是同业商人议事办公之地，与会馆相比，公所打破了狭隘的地域概念，不分籍贯，无论外地本地凡从事同一行业的商人都可加入公所，而不再排斥本地商人，不再只代表外来商帮的利益。商会则并非商人自发形成、组建起来的，而是在接受洋商商会影响后，在清政府的直接倡导、劝办下，经各级地方官员响应而建立起来的。它不是由商人自发组织起来的机构，而是在政府的指导下建立的，更为正规。

开封山陕甘会馆最为壮观的“鸡爪楼”牌楼

位于山门和大殿之间，飞檐交错，气势恢宏。

在这几类行会中，晋商会馆可以称为个中翘楚。其分布之广、作用之大、建筑之考究、遗留之丰富都是“社”和“公所”不能与之相比的。

山西会馆遍布全国各工商业城镇，特别是北京，由于是封建帝王都城，贵族、官僚、地主、商人也最集中，所以山西会馆最多。而在其他地区，河南的洛阳、开封、社旗，江苏的苏州，上海，湖北的汉口等地都建造有山西会馆且规模较大。

清人杭世骏说：“会馆之设，肇于京师。”根据资料可以确认的明朝时期全国各地在北京所建的会馆共有 41 所。其中山西会馆 5 所，占总数的 12% 强。

开封山陕甘会馆牌楼背面

上悬“流芳千古”镶金匾额。

俟至清朝，由于“京师大贾多晋人”，故北京山西会馆日益增多。光绪时有 45 所，占当时在京会馆总数 387 所的 11% 强。其中省馆 9 所，在各省数量中位居第一，占总数 61 所的 14% 强；县馆 24 所，占总数 174 所的 13% 强，也是数量较多的一个，这表明崇商、经商不是个别县府的地方特色，而是在全省范围已形成氛围；行馆 6 所，占总数 23 所的 26% 强，也是数量最多的一个。此外，还有府馆 6 所。在洛阳现在存有晋商会馆 2 所，开封有 2 所，社旗有 1 所，苏州有 2 所，上海有 2 所，汉口有 1 所。这些都是经历百年战争后遗留下来的，从它们身上，我们可以推测当年晋商会馆当是遍布各地。

会馆是明清时期晋商的中心社团，也是其社会活动最重要的阵地。山西商人利用会馆这一合法形式团结起来相互支持，既与其他商帮竞争，又联合抵制官府的肆意压榨。例如嘉庆十九年（1814）洛阳税收部门提高对潞泽梭布商人税收，引起晋商不满。潞泽会馆以商团名义告至官府，历时一年，几经周折，终于胜诉，减免了税收。此事使晋商在洛阳声势大振，买卖倍加红火，逐渐左右了洛阳商业市场。同样，会馆组织也对山西商人的经商行为进行规范和控制。山西会馆大多有明文规定，要求入会商人重视商业信誉，买卖公平，

尺秤准确，取信于民，违者要被处罚。例如社旗县山陕会馆内的石碑记称："源初社旗有买卖行户数家，雍正时开张者20余家，其间有改换戥秤，大小不一，独网其利现象，是以全行商贾齐集会馆关帝庙，公议秤足16两，戥依天平为则。公议之后，不得暗私秤戥之更换，犯此者，罚戏三台。如不遵者，举称禀究官治。"

◇洛阳山陕会馆琉璃照壁

会馆也是旅外晋人安"心"立命之所，一旦旅外之人"横遭飞灾，同行相助，知单传到，即刻亲来，各怀公愤相救，虽冒危险不辞，始全行友解患扶危之谊"。每当同乡在外发生"疾病疴痒"，会馆便"相顾而相恤"，提供钱财、药物。对年老失去工作能力者则更要予以救济。此外，会馆还资助穷儒寒士贡成钧、诣公车，积极进取。

由于晋商财力雄厚，会馆建筑大都布局严谨，建造考究，装饰华丽，气势宏伟。洛阳的山陕会馆占地3 330多平方米，建筑有"正殿5间……拜殿5间，殿前牌坊1座，对面舞楼5间，照壁1座，东西门楼4间，配殿东西各3楹，官厅各3间，山门3间，修廊20间"。馆中照壁，人称"九龙壁"，中心为二龙戏珠，两侧为八仙护卫，可谓精致华丽，风格独特。社旗县山陕会馆南北长154米，东西宽60米，面积7 758.5平方米。整个建筑分前、中、后三进院落。照壁、悬鉴楼、石牌坊、大拜殿、春秋楼位于中轴线上；木旗杆、铁旗杆、石狮、辕门、马厩、钟楼、鼓楼、厢房、腰楼、药王殿、马王殿、配殿、道房院等分列两侧。仅会馆主体大拜殿长达40

洛阳山陕会馆戏楼

米，宽至 20 米，高为 34 米。会馆中心的戏楼又称悬鉴楼，高 30 米，东西宽 17 米，四根方柱把巨大的上中下三层戏楼凌空擎起。石柱上用行书镌刻有两副对联："幻即是真，世态人情描写得淋漓尽致；今亦犹昔，新闻旧事扮演来毫发未差。""还将旧事重新演；聊借俳优作古人。"戏台对面的大戏台院，全用一尺见方的青石铺地，中建甬路，左右庭院及两边厢房分别为男女观众场地。席地而坐，可容万人看戏，由此足见其规模之大。

总之，晋商建立行会的目的是联络乡谊，"以敦亲睦之谊，以叙桑梓之乐，虽异地宛如同乡"，从而相互支持，共克危难。此外，晋商从产生、发展以至于衰落的全过程中，行会在组织市场公平交易，整理货币，维护经济秩序，规范商人准则，防止不正当竞争，处理商务纠纷和维护社会秩序等方面都起了很大作用。可以肯定，晋商在中国明清两代称雄国内数百年，并能引起国内外各方面的重视，与行会组织强有力的经济管理与协调是分不开的。

第二节 晋商的文俗风情

山西商人曾雄踞于国内外商界五百余年，成为明清时期最为强大的地域性商帮之一。晋商的兴起与发展和当时山西地区经济、社会、信仰、游艺等方面的文化风俗密不可分；同时，晋商的进一步发展及壮大也对山西各地的民俗发展起到了巨大的推动作用。

关键词：晋商与各种山西地方风俗的关系

一、山西的地方文化特色

1. 热衷商事。

晋商兴起缘由有诸多方面，其中一个重要原因是山西经商风气极盛且历史悠久。

山西人善于经商，精于计算。19 世纪 70 年代，一位欧洲旅行家到中国七次考察后，慨叹山西人为“中国的犹太人”。他认为“山西人具有卓越的商业和大企业精神，当时居于领导地位的金融机关——山西票号，掌握着全国，支配着金融市场。可以说计算和智能劳动是该省唯一输出的产品”，“在所有的中国人中，对中国特有的尺、数、度量概念以及基于这种观念的金融倾向最发达的要数山西人”。

山西经商之风大甚，追逐利润已成风气，并开始冲击中国传统“读书做官”的价值观念和价值取向。“养儿开商店，强如做知县”，“生子有才可作商，不羡七品空堂皇”的民谚形象地反映了山西人的价值评判标准。晋中平遥、祁县、太谷等县由于外出经营人员多，使该地一改传统生活方式，开始“重迁徙，服商贾，颇好神而喜讼，而竟利好斗”。晋商在封建社会中能有如此强烈的商品意识，应该说既丰富和发展了中国传统文化内容，又诱导了山西地区商业的繁荣。

2. 崇尚节俭。

崇尚节俭是自然经济条件下汉民族的普遍习俗，特别在山西表现得尤为突出。山西地处黄土高原，土地贫瘠，自然灾害频繁，多山且交通不便，是一个较为贫穷的省份。当“开源”的努力被自然条件所束缚的时候，“节流”便成为山西人的自然选择。节俭是贫穷的伴生物，是对付贫穷的消极办法。久而久之山西人养成了俭省的习惯，且节俭一直为山西人所推崇。无论是贫寒之家还是朱门大户，均将其作为一种美德，为每个家庭的必备习惯。但从另一方面讲，匮乏经济是小农经济的特征，崇俭则是匮乏经济的观念反映，它是商品经济不发达的产物。

山西人在崇尚节俭的基础上养成了一种善积蓄的风俗。这种节俭与储蓄意识，并非局限于穷乡僻壤，就连太原、大同、临汾等通都大邑也都如此。节俭、储蓄民俗创造了一种土壤，一种氛围，作为传统习俗、习惯影响着一代又一代的山西人，至今仍支配着山西人的消费心理与行为。

曹家大院“三多堂”

乔家大院“在中堂”

3. 集市遍布。

山西城乡，从古至今形成的贸易习俗中有各种各样的集市、庙会。这些集市、庙会有固定的程式，定期举行，是传统农村的商品交易市场，也是农民的超级市场。晋商利用这种传统的市集形式，开展贸易往来，扩大物资交流，促进商业的发展，例如祁县东观镇的古庙会。东观镇是晋中十大古镇之一，位于祁县、太谷之间，交通方便。据《祁县志》载：清乾隆四十五年（1780）就有“东观镇”这一名称，迄今已有200多年的历史，是方圆几十里、上百里的农副产品集散和商品交换中心。镇内大小商号170余家，仅粮店一业就有10余家，从业人员400余人。京津百货、川贵药材汇聚于此，应有尽有。祁县“在中堂”、太谷“三多堂”等都在东观镇设有分号。每逢三月初二、五月十五、七月初二和九月十五便有庙会，其中农历九月十五古会，会期三天，规模最大，占地面积12 000平方米，上市人数可达万余人。

山西的许多小贩通过集市贸易及自身的积累成为巨富，即便成为巨富亦仍然将庙会市场作为经营的一个立足点和营销契机。而大小商人、商号的汇聚促进了商业的繁荣，进而导致了当地生活方式及民俗的变化，在一定程度上为质朴、勤俭却又略显呆板的民风加入了新的色彩。久而久之，这一传统经济习俗逐步深入人心，世代相传，影响至今。

4. 崇信关帝。

在民间习俗中，人物神的崇拜，起源于灵魂不死的观念和原始社会的鬼魂崇拜。明清时期，出于求财、趋吉、避凶的心理需要，山西人把各路神仙作为精神上的信仰与追求。出于地域方面的原因，山西商人对关羽情有独钟，膜拜之至。关羽是山西解州池南常平人，以侠义忠诚著称，被尊为关圣帝君，故山西商人把神化的又有乡亲关系的关羽加以崇祀，有着特殊的荣耀感和自豪感，希望得到关羽的庇佑以消灾降福。因此山西人每到异地经商，一经发展便集资修建关帝庙，以便朝拜神灵，求得保佑。他们还用关羽的“义”来团结同仁，摒弃“见利忘义”“不仁不义”等不良观念与动机。以关羽的“信”来取信于主顾，衡量和规范商业行为，摒弃欺诈行为，同时从关羽身上吸取无穷的正气力量，使商业活动立于不败之地。

关帝庙照片

二、晋商家族文化

1. 爱乡恋土，创立家业。

创立家业是晋商向往的执着追求。中国传统社会以家庭为本位，家庭不仅是人们生产生活的最基本单位，也是人们生儿育女的社会组织。中国人不崇拜上帝，但崇拜创建万物的天地。从整体上看，是天地创造了世界上的一切；从个体来看，是男女结成夫妻组成家庭，延续了人类。因此，中国人眼中的家庭是神圣的。在家庭关系中，提倡“孝悌为仁之本”，进而在社会关系上提倡齐家、治国、平天下，认为只有在齐家的基础上才能治国平天下。可见，家庭在中国的传统文化中占有崇高地位，但家庭维系的基础是经济，即治生。山西商人就是在这样的思想基础上，把养家糊口放在首位，进而达到兴创家业的目的。有关明清时期山西人为生计从商，进而创立家业的记载很多。如“（定襄人）邢九如，少贫，年十四，父去世，家境益困，以母老弟幼，弃学就商，远行于京东至赤峰县，养母抚弟，勤劳四十余载，家道致丰”。由此可见，晋商把创立家业作为精神追求之一，倘能取得成就，便是精神上的一大满足。

2. 结官迎商，谨守门风。

晋商历经数百年的艰苦创业，形成了名震天下的商业巨族。晋商家族不同于一般官绅家族，它是出于商业烙印特征的中国传统文化家族——由血缘关系和姻缘关系构成并包含若干个体家庭的大家族。祁县乔姓家族就是一个典型。

乔家出于经济和政治上的需要，利用姻缘关系扩展自己的社会势力和威望。同祁县渠家（渠源祯）、古县阎家（阎维藩）、太谷曹家以及一些社会名流如《祁县志》主编李芬，书法家常赞春、赵铁山等都有姻缘关系；同山西巡抚赵尔丰、岑春煊、丁宝铨，京师九门提督马玉昆，湖广总督端方及国民政府财政部长孔祥熙都有密切交往。至于乔家奉行的家世门第观念则明显是以金融商业为主要职业特征所标志的社会地位。这些习俗惯例，支配着乔家

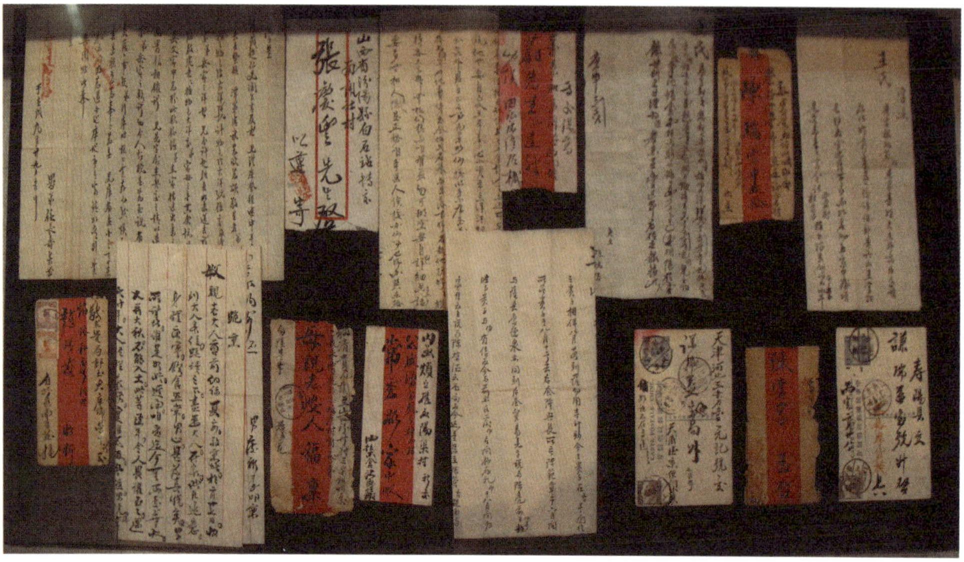

晋商家书

的社会事务，同时也在相当程度上影响着社会民俗。

在晋商大家族中，普遍重视家规、家风。家风是一个家族的传统，是在家长或主要成员影响下自然形成、潜移默化的传统习惯和生活作风，俗称“门风”。乔家的家规、家风主要是：一不准纳妾、二不准虐仆、三不准嫖娼、四不准吸毒、五不准赌博、六不准酗酒。乔家的家规、家风对乔氏家族的发展有着积极的影响，同时也深刻影响着周围一带的社会民风。

3. 前人仙逝，分家析产。

中国的家庭财产继承方式——兄弟均分遗产的习俗，决定了中国每个家庭无论是豪门大户还是普通的小农之家，他们的财产都不可能形成一个稳定的积蓄机制，永远是一个积聚与分散，殷实与没落的痛苦循环。同样，晋商家族也遵循均分遗产的传统民俗，这对晋商家族势力的增强及发展潜力不无影响。如介休富商冀氏。据徐珂《清稗类钞》载：“介休冀氏有资产30万两，约在咸丰六七年间，为五个儿子分家各立门户，从此冀家有了‘五信堂’之称。冀氏所经营的商业，除平遥谦盛亨布庄（后改为票号）归‘五信堂’共有外，其余均分给各门户。”冀氏商业在光绪二十六年（1900）开始衰败，到光绪时完全败落。究其原因，除逢战争损失、经营不善以及后代奢侈浪费外，一个深层次的原因是分家析产使资产严重分散，丧失了生产经营上的规模优势。

诸子分家析产的继承制度，虽维持了各个家庭的财产平均，但不断分散财产排斥了生产资料的有效集中，也排斥了社会生产的分工与协作。这种继承方式，小而论之，是使许多富商大贾的资产优势不能充分发挥，限制了其壮大与发展潜力；大而论之，这种分家析产的继承模式使小土地所有者成为土地占有的普遍形式，抑制了中国封建社会新兴生产关系的产生。

倘若把财产集中起来不分散于子女并确立财产的所有权，便可把个人的经济势力不断引向社会性活动，实现财产和资源在更广阔空间中的合理配置，达到生产上的跃进。

4. 得财赈民，善行乡里。

乐善好施，积德行善是中国人的传统美德，更是晋商的精神追求。如祁县人阎成兰，行商朔本、归化等地，辛苦备尝，然心存仁爱，喜义行，乾隆时曾出资修建井陉大桥。灵石县张佩，贸易直隶，闻母失明，弃商归养。稷山县刘世英，业贾致富，凡修桥、筑路，皆独任其劳。永济人刘向楠，业商致富，于村中设义学，贫族子弟后多成就。光绪三四年间，岁歉，又输粟数十石，赈村人，各给银两谋生，赖以全活。晋商恩厚待人，好义喜施，赈济灾荒，修建寺庙，筑路修桥等积德行善之举，是其精神上更高的一种追求。

三、闲暇乐事——日常游艺

晋商的兴盛及壮大推动了山西民间各种传统文化娱乐活动的兴起，尤其是对民间社火活动的发展以及山西地方戏曲和武术的繁荣起了巨大的推动作用，为其提供了雄厚的经济基础，进而形成了内容广泛的游艺民俗；同时，民间游艺活动的兴起，不仅满足了晋商的精神需求，也增加了他们的经济收入，促进了市场繁荣。

以山西中部为例，清后期晋中多富商，这一带的社火十分兴盛。所谓社

山西民间社火

火就是在节日扮演的各种杂戏。有民谣称“榆次的架火，太谷的灯，徐沟的铁棍爱煞人”。架火是一种造型社火，在晋中榆次、太谷等地比较盛行，榆次南庄架火与太谷黑山火、排楼火、桌子火，久负盛名。太谷的灯于清道光时已颇为有名，品种繁多，制作精巧。道光时，太谷富商田家后人从广东引进的宫灯形式有八角、六角样式，质地有玻璃、纱、绣缎三种，灯架多是紫檀等硬木制成。灯上书有千家诗、唐诗宋词，并绘有花鸟鱼虫，人物山水，颇有苏、杭、扬三州之风味。

在太谷还有一种特殊的绞活龙活动，活龙长四丈五尺，纸扎龙头，布制龙身，选空旷之地搭龙棚二座，高一丈八，龙棚之间用若干绳索相连，中间悬一圆球，取“二龙戏珠”之意。两龙系索于绳索上，龙身内置灯数盏，龙棚中人力绞动绳索，二龙即可上下左右作飞腾状，地面上则由十数人舞动老龙，上下配合，参加活动者达数十人之多。入夜，灯月辉映，锣鼓喧天，鞭炮齐鸣，人声鼎沸。在弥漫的硝烟中，老龙、小龙上下腾飞，或二龙戏珠，或双龙拜母，吼声震野，煞是壮观。举凡社火活动，富商大贾及各商号亦都予以经济支持。每当背棍、铁棍等各种游艺节目在富商宅院和商号门前表演时，富商与商号均付给表演者一定数额的酬金，这也有利于社火中一些项目的引进和活动的开展。

山西地方戏曲的形成、繁荣与晋商也有着紧密联系。晋商因远离家乡，经常不惜重金请家乡戏班到其所驻商埠的山西会馆演出。每逢年节同乡欢聚一堂，祭神祀祖，聚餐演戏。山西商人除邀请戏班演出外还出资举办梆子戏班。咸丰年间祁县富商渠氏办起了“三庆戏班”，榆次聂店富商王钺办有“四喜戏班”。蒲州梆子、中路梆子、北路梆子、上党梆子、太谷秧歌、碗碗腔等地方戏曲由于山西商人娱乐的需要和经济上的支持，得以较快发展，传播日广。

由于“并州近狄，俗尚武艺，左右山河，古称重镇，寄往者以文武兼资焉”，所以有“自古言勇侠者，皆推幽并”。武术是中国传统的体育项目，具有健身和防御双重功能。由于晋商外出经商常在千里之外，经常会遇到意想不到的困难，甚至遭到盗贼的袭击，因此晋商历来重视武术，有不少人练功习武以强身和防卫盗贼的袭击。历史上许多的武术流派在山西都有流传，其中少林拳、形意拳、太极拳较为普遍，而形意拳最为广泛。形意拳武林高手大多被祁县、太谷等地的富商聘为护院拳师。如山西太谷富商曹氏的三多堂共有护院家丁500余人。在三多堂东西两局各设护院拳师一人，南山青龙寨设守寨拳师一人。

山西民间社火

山西梆子剧照

名师演练形意拳

可见，武术与拳师对晋商的活动，有着保护安全的作用，而晋商对武术拳师的聘用与支持也在一定程度上推动着武术活动的开展。

总之，山西民俗的内容丰富多彩，是历代山西人民在生产、生活过程中逐渐形成而广泛流传的，具有明显的地域特征。商业兴盛是明清时期山西一个重要的历史现象。晋商的兴起与繁荣和山西一带民俗的丰富与发展有着天然的联系。两者相互作用、相互影响，呈现出晋商的辉煌与山西民俗的丰富交相辉映的繁荣局面。

第五章

清末民国晋商衰亡

1840 年，帝国主义用大炮打开了中国的大门，随着《南京条约》《虎门条约》《望厦条约》《北京条约》《天津条约》等一系列不平等条约的签订，列强强迫清政府开放的通商口岸不断增加，租界日益扩大，内地航行权、内地开矿权、内地收购权、铁路修筑权，以及贸易、关税自主权相继丧失，大片国土被掠夺。甲午战争后，列强又掠夺了在中国的口岸设厂权、税收控制权和对中国政府的贷款优先权等，更使国家备受蹂躏，陷入万劫不复之惨境。国家主权丧失，中国愈来愈深地陷入半殖民地半封建社会，在这种情况下，晋商纵是有千般解数，也难以施展，在与外商的商贸活动中，已无平等竞争可言。非但如此，清政府为避免因商衅而引起争端，往往对晋商进行压制。晋商在这内外双重压迫下，商贸活动锐减，不得不接受败亡破产的命运。

第一节　西风东渐，各商衰落

西方列强侵入中国，其目的就是要变我华夏为他们的殖民地、原料掠夺地和其产品的倾销地。所以，在军事侵略之后，紧接着就是经济侵略，而首当其冲的就是经营国内贸易的各大商帮。晋商作为当时第一大商帮，自然是出头的椽子，先被打击的对象。在生产技术水平远远落后于列强，腐败的清政府自顾不暇，无法再支持晋商发展，以及晋商自身经营因循守旧、墨守成规等各种因素的共同作用下，茶业、典当、票号等各商纷纷落马，无奈衰亡。

关键词：晋商各业衰落

一、茶道断绝

第二次鸦片战争以后，俄国以“调停有功”，胁迫清政府签订不平等的《中俄天津条约》《中俄北京条约》，俄国政府不费一兵一卒，打开了侵略中国蒙古地区的通道，取得了沿海七口（上海、宁波、福州、厦门、广州、台湾、琼州）的通商权。同治元年（1862），俄国政府又据《中俄陆路通商章程》取得了通商天津比各国低三分之一税率等特权。自此，俄商得以享受特权，深入到中国内地攫取物产和推销其产品。

同治五年（1866），俄国政府又强迫清政府取消天津海关的复进口税，即免征茶叶的半税，使俄商的贩运成本大幅度下降。据天津海关记载：咸丰十一年（1861）以前，一直是晋商垄断着湖北、湖南的茶叶贩运，他们将两湖茶叶经陆路运抵恰克图销往俄国。但是从同治元年（1862）始，俄国商人已在上述地区建立茶栈收购和贩运茶叶。由于俄商享有免除茶叶半税的特权，又是水陆并运，俄商将茶叶用船从汉口沿江而下运至上海，再沿海运至天津，然后走陆路经恰克图贩运至欧洲，大大节省了费用，所以俄商贩茶业务扶摇直上，从同治四年（1865）的 1 647 888 磅，到同治六年（1867）猛增至 8 659 501 磅。而晋商贩茶却由于清政府的限制，不能享受水路运输之便，并且要付数倍于俄商的厘金税收。例如，从湖北汉口贩茶至张家口需经63个厘金分卡，所付税金要比俄商多10倍。所以恰克图晋商的对俄贸易也就日益衰落，到同治七年（1868），恰克图的晋帮商号已由原来的120家下降到4家。

但是，晋商毕竟是一支经验丰富、久经商战、意志顽强的商界劲旅。他们决定“以其人之道，还治其人之身”，提出了“由恰克图假道俄国行商”的方略，即“俄国到中国来夺我商利，我华商去俄国也另觅新途”。恰值其时，沙皇俄国照会清政府，声称恰克图贸易日衰，要求开辟张家口为商埠和在该地设领事馆。张家口地邻京都，清政府担心被俄国辟为商埠和设领事馆后，危及京都安全和对蒙古地区的统治，便同意了让晋商北上到俄国经商，以阻拦俄国人南下辟张家口为商埠和设领事的要求。清政府还对北上晋商酌减厘金，取消浮动税率，以示体恤。晋商得此便利，如虎添翼，便大力向俄国内地发展。他们先后在俄国莫斯科、多木斯克、赤塔、克拉斯诺亚尔斯克、新西伯利亚等城市设立商号，与俄商展开了激烈的竞争。

在晋商向俄国内地进军的第一年（同治八年，1869），即向俄输出茶叶11万担，俄商直接贩茶也是11万担，交手的第一回合晋商便与俄商扳成平局。到第三年（同治十年，1871），晋商每年输俄茶叶已达20万担，较俄商直接贩茶多一倍。晋商对俄贸易是走陆路，以运费较高的骆驼、牛马车等为交通工具，而俄商是凭借特权以运费较低的水陆并运来贩运茶，晋商俄商之间的竞争条件优劣十分明显，但晋商仍能在对俄贸易中占上风，说明晋商确是一支能征善战的商界劲旅。如果不是清政府的腐败，晋商在对俄贸易中是不一定会失败的。同治十一二年，晋商为了节省运费，准备像俄国一样把湖北茶经水路运至天津，再走陆路贩到俄国，但清政府对晋商的这一计划却横加干涉，并要对贩茶走水路的晋商，仍按走陆路一样收取厘金税收。世上哪有本国商人在本国贩运本国货物不能享受与外商同等待遇，反而要另加税金的道理？但是，清政府却这样做了。

清朝统治者倒行逆施，抑制华商的行径，使晋商在与俄商的茶叶商战中一开始就处于非常不利的地位。加之俄商先后在汉口、九江、福州等地建立制砖茶厂，使用蒸汽机代替手压机，所制砖茶成本低、质量高、产量大，而晋商制造砖茶仍是依靠手工作坊，其产品显然不能与机器产品相比，晋商在砖条制作上又受到了俄商的排挤。接着，朝中日交涉事起，清政府推行“引俄制日”政策，使俄商在华势力越发猖獗，先后控制了一些中国的产茶区。在这种情况下，俄商直接贩运中国茶数量猛增，达到年贩茶六七十万担，而晋商下降到年输俄国茶叶仅数万担。光绪三十一年（1905），俄国西伯利亚铁路全线通车，俄商经海参崴转铁路运输不仅费用低，而且极为便捷，晋商对俄的茶叶贸易已经难以大规模进行。

晋商为了打开销路，又采取了赊销茶叶给俄中小商人的办法，待他们将茶叶售出后，再返还茶款。不料却因此招祸：有些俄商是故意拖欠不还欠款，有些中小俄商因受国内大茶商的排挤或自身经营不善，还款无望。晋商因此赔累甚巨，损失达 62 万余两白银。晋商为了挽回损失，呈请清政府与俄国当局交涉，要求追回俄商所欠银两。但是恐外媚外的清政府对晋商的呈请根本不予受理。宣统元年（1909），俄国政府又突然违背两国茶约规定，对在俄华商征以重税，以排挤在俄经商的中国商人。

晋商遭此种种打击，在对俄的茶叶商战中终于失败。而在对蒙贸易方面，也由于俄国政府逐渐控制了蒙古地区，晋商想再像以前那样随意与牧民贸易已无可能，诸多条规、税款也大大减少了山西茶商在蒙的经营利润。最终，山西茶商全面退出了北方市场，历时百年的陆上“茶叶之路”阻塞断绝。

二、典当闭铺

1895 年，中日《马关条约》签订，日本公司第一个获得了在中国开设工厂的权利，随之，英、美、法、俄等列强都纷纷在华投资办厂，中国的近代工业就这样在外国资本的刺激下诞生了。看到兴办工厂从事实业能够大量获利，官僚富商们纷纷把存在典当行里的金银拿出来兴办实业。一时间，当铺资金紧缺，周转困难。而不幸的是，救命的银子却始终没有放进当铺的“储宝窑”，而是流向了那帮洋人兴办的叫银行的大楼里去了。典当商们从此就像断了奶的孩子，除了吃掉前人攒下的老本就再也没了金融来源。

此外，鸦片战争后的国内局势动荡不安，太平天国运动、白莲教反清、戊

俄国华俄道胜银行

美国花旗银行

戌政变直到辛亥革命推翻满清王朝，大半个世纪里战乱不断，再加上灾荒频发，人民流离失所、苦不堪言。在这样的社会环境下，典当铺的生意也愈加稀少，难以维持，纷纷关门歇业。乾隆十八年（1753）是山西典当业发展的鼎盛时期，当时全省城乡约有当铺 5 175 家，占全国总数 18 075 家的 28.6%，是第二大省直隶的 1.7 倍，此后当铺便呈递减趋势，至光绪十三年（1887）仅剩 1 713 家，减少 77%。至民国时期这种衰落局面越发严峻，无法挽回。1921 年全省还剩 731 家，1933 年则进一步锐减至 306 家，为历史上的最低点，即从 1887—1933 年的 47 年间当铺减少了 87%，大大超过了光绪初年以前当铺数量的下降速度。1934 年后虽然有所增加但也只增到 1935 年的 436 家，还不及 1921 年的 60%。

而更有甚者，西典商铺常被军队强行掳掠。起义军路过当铺，常要求补充粮草，甚至焚掠富家房屋、资财以获得其军需资源。而清政府的官军也与起义军不相上下，他们除了对典当商肆进行掳掠外，还强行摊派军粮，名曰“采买”，实则地方官府根本不容得典商做任何讨还价码的行为，典商们只有老老实实地负担起庞大军需。1900 年八国联军大举侵华，8 月 14 日北京失陷，晋商垄断的京师典当业也顿时遭殃，“合京城当铺 200 余家，钱铺 300 余家，俱被匪徒勾结洋人，抢劫无遗”。“京师大乱……若东城内城之当铺……尽被营勇、溃军、洋兵、土匪先后抢劫，靡有孑遗。”不但北京，其他许多地区的典当业也蒙受重大损失。

清政府的苛捐杂税也是山西典商难以承受的索命环。光绪二十三年（1897）

清政府一下将当税提高10倍："唯查京外典当，以光绪十四年座数计之，约共7 200座，拟自本年起，无论何省，每座按年纳税银50两，岁可共征银30余万两。"另外，清代每遇动乱常以各省富庶之区，特别是广东、山西及安徽商人为主要"劝捐"对象。徐继畬说，自乾隆三十八年（1773）平息四川大小金川之乱以来，"晋省前后捐输已至五六次，数逾千万"。第一次鸦片战争赔款和镇压太平军令山西绅商捐款两次，共捐现银487万两。

八国联军进京图

八国联军是指1900年（庚子年）以军事行动侵入中国的英国、法国、普鲁士（德国）、沙俄、美国、日本、意大利、奥匈帝国（今奥地利和匈牙利）的八国联合军队。前期由英国海军将领西摩尔率领，开始时总人数约3万人，后来有所增加。

繁重的税捐使山西典商实力大大削弱，如典业世家介休冀氏，由于战乱被抢，再加上清廷屡令捐输，咸丰末年，"较之以前家资不及十分之二三"。到了1913年，财政部以典当为大宗营业，又厘定当税，加重征收之举，轻者加倍，余外尚有多种捐款，如铺捐、失业兵差捐、慈善捐、地方捐、御匪捐、区捐、村捐、警捐、门捐、灯捐等。虽然这些杂税不仅仅限于典当这一行业，但由于典当一向被称为资金雄厚、获利丰厚的行业，所以当业所承担的数额要比其他行业多。

最终，在这诸般因素制约之下，西典终于再也支撑不住，纷纷闭铺关门。到了民国时期，纷繁的战乱也再没给典商回魂的机会。新中国成立后，经过改组为社会主义金融机构，典当行正式退出了历史舞台，直到改革开放后才渐发新生，又出现在了我们的生活之中，令人感慨无限。

三、票号消亡

清末，晋商经营的山西票号已呈衰落状态，但在山西人中也不乏有识之士，他们认清了新的形势，主张改革图存。可惜由于一些财东及总号经理的顽固和墨守旧法，以致四次失去发展的机遇。例如，光绪二十九年（1903），北洋大臣袁世凯曾邀请山西票号加入天津官银号，但山西票号拒不奉命。光绪三十年（1904），鹿钟霖为户部尚书，奉谕组建大清户部银行。鹿也邀请山西票号加入股份，并请派人组织银行。山西票号北京分庄的经理多数赞成鹿氏之提议，均跃跃欲试。但山西票号为独裁制，重大事体必须请示总号定夺。

票号总经理多墨守成规，只知享现成福，毫无远见，竟复函票号北京分庄经理，既不准入股，也不准派人参加组建，致坐失良机。后来，户部银行改由江浙绸缎商筹办，致江浙财团后来居上。不久，户部银行改组为大清银行，再请山西票号参加协办，无奈山西票号又不应召。结果，山西票号始终未能参与国家银行，第一次失去了改组银行的机会。

光绪三十四年（1908），山西蔚丰厚票号北京分庄经理李宏龄认识到山西票号若不顺应潮流，及早改革图存，将在商界、金融界销声匿迹，因此改组票号为银行是大势所趋。为此，他与渠本翘筹划了票号改组的计划，同时联合京都的山西祁县、太谷、平遥三帮票号致函总号，又请渠本翘到总号当面陈述票号改组银行计划。其时，蔚丰厚、蔚泰厚、天成亨、新泰厚、蔚盛长票号为五联号，财东同为介休侯姓，在五联号中以蔚泰厚总经理毛鸿翰最有权威。毛氏不肯稍事变通，不但反对票号改组银行，反而诬指李宏龄所议另有个人企图，致李等再不能有任何行动。宣统元年（1909），京都的山西各票庄通过各埠山西票庄再次提出改组银行之议，汉口、兰州、济南等地山西票庄纷纷致函总号，要求改组票号为银行。无奈总号经理仍不为所动，对各地之请束之高阁，票号改组银行的计划又告失败。这样，晋商就第二次失去了改组银行的机会。

袁世凯

（1859—1916）字慰亭（又作慰庭），号容庵，汉族，河南项城人，是中国近代史上著名的政治人物。曾是北洋军阀的领导人，在辛亥革命后成为中华民国首任大总统，在位期间积极发展实业，统一币制，创立近代化司法和教育制度。但后来在杨度等立宪人士的蛊惑下复辟称帝被推翻。

辛亥革命发生，山西各系号均毫无准备，放出之款无法收回，而存款却纷纷来取，山西票号蒙受严重损失，于是改组银行之议重提，此时从前最反对改组银行的蔚泰厚票号总经理毛鸿翰业已醒悟，转而支持票号改革。1914年山西祁、太、平三帮票号联合向北京当局提出申办银行之请，时国务总理熊希龄深知山西票号与一般商业有重大关系，对晋商之请给予支持，同意由政府出面担保，按照“商借商还”的办法，山西票号向奥商华利银行借款200万磅，期限50年，利息6厘，作为开办银行之资。不巧，熊内阁不日倒台，又逢欧战爆发，贷款之事成为泡影，山西票号第三次失去了改组银行的机会。

熊希龄（1870-1937）

湖南凤凰人，字秉三，被称为“湖南神童”，15岁中秀才，22岁中举人，25岁中进士，后点翰林。受梁启超、唐才常的影响，主张维新立宪。1913年当选中华民国第一任民选总理，由于他反对袁世凯复辟帝制，不久就被迫辞职。晚年致力于慈善和教育事业，1920年创办著名的香山慈幼院。1937年12月25日于香港逝世，享年68岁。国民政府为他举行了国葬仪式。著有《熊希龄全集》。

对外借款失败，祁、太、平三帮票号联合改组银行的计划无法实施，于是平遥帮决定单独进行，蔚泰厚总经理毛鸿翰、蔚长盛总经理阎子樵、蔚丰厚总经理张子康、新泰厚总经理侯某、蔚盛长总经理霍益亭、天成亨总经理范子生等拟从各自的票号中抽出若干资金作为基金，组织一大银行。然而此计划始终未能实现，山西票号改组银行的计划终于第四次落空。

山西票号从光绪三十年（1904）以后，十多年的挣扎，四次错过改组机会，已成强弩之末，终于无法振作。

蔚泰厚票号旧址

第二节 最后的呼声——保矿运动和保晋公司

19 世纪末，外国资本主义开始了掠夺山西煤炭资源的活动，清政府将大量的矿产资源开发权出卖给西方列强以求得自保。但是，这些宝贵的资源是山西人民存身立命之本，决不允许侵略者来掠夺。于是，在山西人民的大力参与下，曾经显赫一时的晋商们挺直腰杆，发出了反抗帝国主义经济侵略的最后呼声——领导了轰轰烈烈的保矿运动并兴办了保晋公司。

关键词：山西人民保矿运动　保晋公司

一、保矿运动

甲午战争以后，帝国主义通过《马关条约》攫取了在华投资设厂的权力，特别是 1901 年《辛丑条约》签订后，清政府任凭帝国主义在各地投资建立各种工矿企业，使中国丧失了更多主权。山西也不例外，大量的铁路建设和矿产开发权被帝国主义夺走。山西的第一条铁路——正太铁路，就是由俄、法帝国主义插手，后由法国以借款形式修建并经营起来的。平定、盂县、潞安、泽州的煤矿开采权，也一度出卖给英国福公司。帝国主义的经济侵略与清政府的卖国行为引起了山西人民的极大愤怒，从 1898 年到 1908 年，山西人民展开了轰轰烈烈的反帝保矿运动并取得了斗争的胜利。

1. 开采权的丧失。

帝国主义侵略者掠夺山西煤炭资源的野心早已有之。早在 1870 年，德国人李希霍芬就曾

延伸阅读

马关条约：1895 年，中日甲午海战，中国战败，被迫与日本签订不平等条约。双方于 1895 年 4 月 17 日（光绪二十一年三月二十三日）在日本马关（今下关市）签署条约，原名《马关新约》，日本称为《下关条约》或《日清讲和条约》。条约使日本获得了巨大利益，包括：割占台湾岛及所有附属各岛屿、澎湖列岛和辽东半岛（后于俄、德、法三国压力之下归还中国，但索取了 3000 万两白银的“赎辽费”）；获得赔偿军费 2 亿两白银；实际上取得朝鲜统治权；开放沙市、重庆、苏州、杭州为商埠，日本轮船可以沿内河驶入以上各口；在中国通商口岸设立领事馆和工厂等等。

两次到山西调查煤田地质情况。1897年，意大利商人罗沙弟在伦敦组织建立福公司后即把获得开采中国矿产的权利作为公司的主要活动内容。他勾结封建官僚刘鹗和方孝杰，又拉拢了山西商务局总办贾景仁，开始了攫取山西矿权的活动。

刘鹗先以“国无素蓄，不如任欧人开之”的卖国论调，蓄谋将山西矿权出卖给外国人，并进一步以“货恶弃于地，不必藏于己”的谬论去煽惑山西巡抚胡聘之。刘鹗深恐遭国人谴责，便用偷梁换柱之术，一方面组织买空卖空的“晋丰公司”，以商人名义向山西商务局请求开办山西各地的煤矿、铁矿；另一方面又以“晋丰公司”的名义向福公司借款1 000万两与福公司“共同开采”山西盂县、平定、泽州、潞安等地所属矿产。这一年，刘鹗通过商务局得到山西巡抚胡聘之的同意，与福公司签订了《清办晋省矿务借款合同》5条和《清办晋省矿务章程》。通过这两个文件，胡聘之将山西煤矿开采权卖给了福公司。

胡聘之出卖山西矿权之事，当初秘而不宣，外人不知内幕。及至1898年，机密泄漏，山西人民展开了声势浩大的夺回矿权运动。清政府为欺骗舆论，即令山西巡抚黜退刘鹗等人，同时把这项对外交涉权收归总理衙门，实际把胡、刘等出卖国家权利的经济好处夺到了清政府手中。1898年，经英国公使施加压力后，清政府修订过去的合同，重新拟订了《山西开矿制铁以及转运各色矿产章程》19条，并经光绪帝于5月17日

延伸阅读

辛丑条约：也叫《辛丑各国和约》或《北京议定书》。1900年八国联军入侵中华，镇压了义和团运动。清政府战败，派代表奕劻、李鸿章与英国、美国、日本、俄国、法国、德国、意大利、奥匈帝国、比利时、西班牙和荷兰11国签订了丧权辱国的不平等条约。条约签订于光绪二十七年（1901年）七月二十五日，辛丑年，故名辛丑条约。公历为9月7日，所以也有“九七国耻”一说。

延伸阅读

刘鹗：（1857—1909）清末小说家。字铁云，别署洪都百炼生，江苏丹徒（今镇江）人。通数学、医术、水利等学。以荐官候补知府。撰有长篇小说《老残游记》，被称为晚清四大谴责小说之一。亦能诗。著有《铁云诗存》。又喜收藏金石甲骨，编有《铁云藏龟》《铁云藏陶》《铁云藏印》。

批准，5月21日由山西商务局代表曹中裕与福公司代表罗沙弟在总理衙门画押。这个章程新加了“平阳府以西煤铁以及他处煤油各矿”的开采权也归福公司，又规定：“凡调度矿务与开采工程、用人、理财各事，由福公司总董经理。”允许外国矿用机器进口可以“完纳海关正半税项，内地厘捐概不重征”。福公司可以修路、造桥、开浚河港、添造分支铁路以接至干线铁路或河口等。这充分表明，腐败懦弱的清政府比胡、刘出卖主权的范围更为扩大。

盛宣怀（1844—1916）

汉族，出生于江苏常州府武进县龙溪，逝世于上海，字杏荪，清末政治家、企业家和福利事业家，官僚买办。

这时已由英国驻上海总领事哲美森取代罗沙弟担任福公司总经理。这就是说胡聘之将矿权卖给了意大利人，而清政府将矿权卖给了英国人。1905年，清朝铁路大臣盛宣怀又与福公司续订了《山西熔化厂并合办山西铁路合同》4条。是年7月3日盛宣怀又与哲美森在北京签订了《道清铁路借款合同》21条及附件等，答应福公司修筑由河南道口镇经清化镇至山西泽州的铁路，将来路成之后，管理权归福公司。这样英帝国主义独占了山西的煤矿开采权和部分铁路修筑经营管理权。获得山西矿权后，福公司在国际上的地位陡然提高，它发行的每张1英镑的股票（即著名的“山西股票”）由150张增加到152万张。

2. 收回矿权的斗争。

山西矿权被英帝国主义窃夺后，1905年7月正太铁路通至阳泉，福公司便迫不及待地派人到平定勘测矿地，绘制地图，到处插旗，霸占矿地，强行封闭当时正在生产中的民营煤窑。

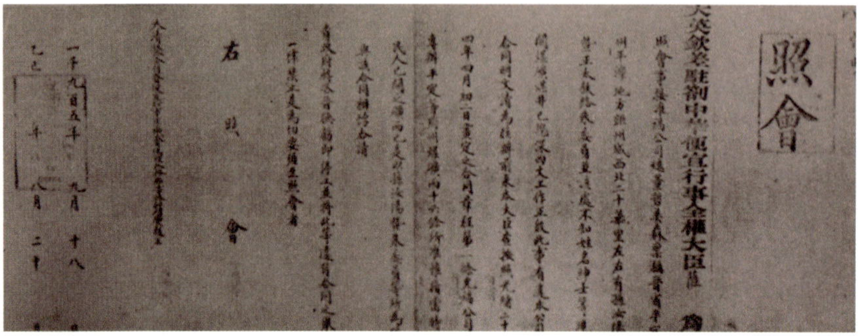
照會

大英欽差駐劄中華便宜行事全權大臣

右照會

◎ 清光绪三十一年八月二十日（1905 年 9 月 18 日）英国驻华大使萨道义向清廷外务部发出的照会

清光绪三十年（1904），山西地方当局把山西平定等地的煤铁矿权出卖给英国福公司。照会要求清廷一律禁止山西民间开办煤窑。

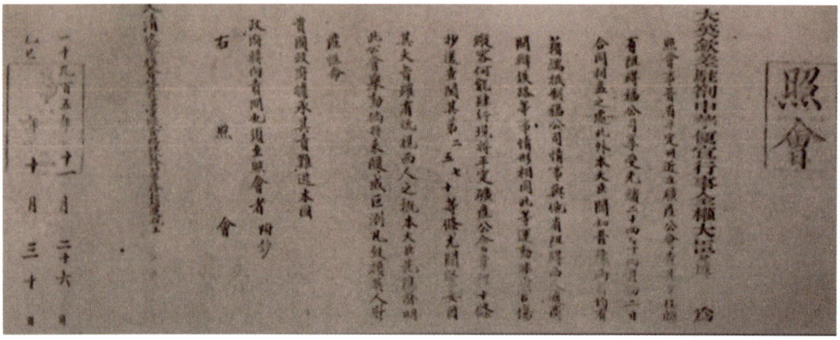
照會

大英欽差駐劄中華便宜行事全權大臣

右照會

◎ 清光绪三十一年十月三十日（1905 年 11 月 26 日）英国驻华大使向清廷外务部发出的照会

照会要求清政府保护福公司在阳泉的财产性命安全。

当时有平定人宋汝阳集股开掘县属蔡家洼沟煤矿，刚刚开工就被福公司上报给山西巡抚，把刚开掘的煤矿封闭起来。平定本来地少山多，农产品不足，历来全仗境内矿产为养命之源，福公司强行封闭民窑，断绝了当地人的生活来源，因此宋汝阳等人不顾福公司的阻挡，继续组织凿井。以蔡荣田、李毓惠、张诚等人为首，在平定成立矿产公会和固本、保艾等公司，并在铁路两侧的山顶石头上都刻上“固本”两个大字，与福公司相对抗。福公司在平定封闭民窑的消息传开后，激起了山西各阶层人士的强烈反对，并由此爆发了全省人民声势浩大的收回矿权反帝保矿运动。“一时父老呼号于野，官绅争讼于朝”，斗争的矛头直指胡聘之与英帝国主义。

这次斗争的主要力量由三方面组成：一是山西籍在京的封建官僚，二是刚刚产生的民族资产阶级，三是青年学生与矿区人民群众。在封建官僚中有两种情况：当胡聘之与意商罗沙弟密订卖矿之事传开后，山西的一些京官纷纷参议胡聘之，如山西商务局总办贾景仁（为胡卖矿奔走者）之叔，京官贾筱芸因其侄主张卖矿，曾倡为大义灭亲之说。接着京兆何润芙又专摺参胡聘之。山西商务局曹中裕奉总理衙门之命赴京与外人签署合同和章程时，山西同乡均闭门不纳。这种情况说明即使在封建官僚中也有人认为胡聘之出卖矿权是可耻的卖国行径。胡聘之等人为此大失人心，贾景仁、刘鹗等人在1908年2月受到上谕严厉斥责，并被革职永不叙用。

地主官僚抵制出卖矿权的另一种形式是开办矿区。如董崇江曾以资金20万两设立同济公司；寿阳人崔廷献及王植槐设立寿安公司，并在寿阳荣家沟开矿，然因资金不足，在接受正太路委员会朱殿臣的股金后改为寿荣公司。他们的本意是想和福公司竞争，但不久都因资金短缺而停办，最后加入保晋公司。这时山西新兴民族资产阶级开始登上政治舞台，参加了保矿运动，办

山西大学堂旧址

山西大学堂创办于清光绪二十八年（1902），是我国创办最早的三所国立大学之一，设中学专斋和西学专斋，由英国人李提摩太和山西巡抚岑春煊共同创办。校址在太原市侯家巷（现太原师范专科学校）。民国初改名为山西大学校。

起了一些近代民族工业，如渠本翘后来当了保晋公司的总经理。在保矿运动中，起主要作用的是当时山西知识界和广大的人民群众。1902年成立的山西大学堂，虽由英人李提摩太主持，但这所新式大学的开办却促进了山西知识界的觉醒。

当时太原知识界的喉舌《晋阳公报》率先宣传收回矿权。1905年，山西大学堂以及中等学堂的学生们听到英国公使要求封闭中国百姓所开各矿的消息后便纷纷罢课抗议、游行集会、发表宣言，要求收回矿权，山西大学堂还派人到阳泉实地调查。

保矿运动在太原爆发后，迅速传播到全省各界，许多县的学校、商会罢课、罢市，开会表示声援。《晋阳公报》则报道全省运动消息，刊登各界的抗议宣言，并得到全省人民的声援。

在国外，山西籍留日学生得知晋矿被卖，英商哲美森执意要求福公司专办晋矿的消息后，便群起集会讨论，打电报，发宣言，并在刊物上著文反对，得到留日学生的支持。这时适逢山西留日学生李培仁蹈海自尽，使得保矿运

现今的山西太原文瀛湖

动迅速发展起来。

1906 年 10 月 13 日，正在东京政治大学留学的山西阳高县人李培仁投身八重桥下，溺水而死。随后留日学生公布了以李培仁名义写的两封慷慨激昂、感人肺腑的绝命书。绝命书饱含激情，严厉痛斥了清政府中那些媚外屈膝之徒。书中指斥“碍于成约”的某老大、“已成铁案”的某尚书以及鼓吹专办、合办和先办平定一处的外务部官员说：“非有鬼怪妖孽，断其神经，抉其脑髓，胡为吐此？盖送我矿产、绝我生命之志决矣。”他们还对出卖矿权的清政府进行了严厉警告：“政府如放弃保护责任，晋人即可停止纳税义务。约一日不废，税一日不纳。万众一心，我晋人应有之权利也。如和平手段不足，则继以破裂，太行义士，顾无继荆卿遗风，怀匕首愤起者乎……凡诸矿贼，吾知其必有断头裂体之一日也！”同时，绝命书也对东洋和内地学界同仁充满希望：“山西前途全仗内外学界。某今当与诸君永别，请立一誓：有制吾命者，吾亦毙其命；有绝吾生者，吾亦杀其生！山西人未全死，决不令外族役我尺寸土！……某恨未手毙巨奸，唯有一死请罪同胞！而此后存亡得失之责任，则诸君负之。”

这两封绝命书公开后，留日学生争相传阅，群情激愤。农历十月二十八日，先由山西留日学生同乡会召开追悼会。11 月 4 日，豫、晋、秦、陇四省学生在东京神田锦町锦辉馆联合召开规模盛大的追悼会。大会筹议了今后争矿的方法，决定将遗书和晋矿档案等文件，刊于内地各报，以扩大影响，坚定争矿斗志，威慑卖矿之人。其后，留日学生派梁善济、景梅九、王用宾等人护送李培仁遗体回国，并在太原文瀛湖畔北侧，召开了规模空前的追悼大会，各界参加者数千人。

李培仁的绝命书“意在激发国人，坚前途争矿之志”，闻者无不泪下。当时《晋报》沉痛呼吁：“呜呼！山西煤铁甲于全球，将来为我国经济界绝大利源，今外人必欲攫取，而政府必欲赠与之也，是不独山西生命财产千钧一发，凡我十八省同胞均有利害关系。倘蒙同学诸君拨冗研究此问题，以教我山西人，则幸甚。至李君以身殉命异域，惨痛已极，谅诸君必为表同情也。”该文情辞哀婉，十分感人，故引起社会舆论的共鸣。就连当时山西巡抚张人骏、恩寿等人也先后表示要支持学生。

《晋报》

此后，中英双方函电交涉，人员往返，历经多次谈判。福公司起初要求清外交部准其独办山西矿务，后来看到他们封闭的矿区已经开采，而且他们的行径已激起中国人民的愤怒，国内外已掀起收回矿权的高潮，如仍坚持强行开采晋矿，前途吉凶难测，这才于 1908 年 1 月 20 日与清政府在北京签订了《赎回开矿制铁转运合同》12 条。合同主要内容是：山西商民集资 275 万两白银“赎”回福公司攫取的矿权。“赎款”需在 1908 年 2 月 21 日前先交付一半，余款分三期交清。但是，当时省府库中没有多余款项，所依赖者，全属票商。“交款之日，福公司暗托往来银行，收集在外之款，以困票庄，而票庄当日竟不动声色，不爽时刻，纯然以彼外国银行所周转之票交付。”这样，山西丧失的矿权终于收回来了。这是山西各阶层人民十余年反对帝国主义经济侵略，保卫山西权利取得的一个重大胜利。

保矿运动及其胜利，在山西乃至中国近代史上有重大意义。

首先，围绕“保矿”运动在全省范围内开展了一场史无前例的反帝爱国教育和发动工作。全省各阶层人民群众组成了空前的统一联盟，这为以后山西人民开展反帝斗争奠定了良好基础，并揭开了全国保卫路矿运动的序幕。在其影响下，各省相继展开赎矿保路运动，且声势浩大，影响深远，收到了较好效果。

其次，以“保矿”运动为契机，形成了山西近代史上第一次投资兴办实业的高潮。在“保矿”运动过程中，山西刚刚诞生的民族资产阶级第一次登上了政治舞台，许多有识之士如渠本翘、刘笃敬等都参加了保矿运动。通过斗争他们都深深认识到，只有自己兴办矿业，才能保证矿权不再落入帝国主义手中。在他们的倡导下，山西近代史上最大的一家民族资本主义工业——保晋矿务公司诞生了。它的诞生，极大地刺激了山西民族工业，尤其是采煤业的发展。自此以后，资产阶级的民族工业如雨后春笋般在三晋大地上发展起来。但是，由于民族资产阶级的妥协性和软弱性，这次运动未能坚持无条件废约，而是付出巨额赎款后才收回矿权，表现出民族资产阶级的不彻底性。

二、保晋公司

18 世纪以后，中国城市手工业日趋发达，商业资本渐趋集中，其活动范围也不断扩大，这就给封建经济的解体和资本主义生产关系的发展提供了条件。随着封建社会内部经济结构的部分破坏及外国资本主义的影响和刺激，在19 世纪下半叶，即中英鸦片战争以后，中国民族资本呈现出投资新式工业的强烈热忱和愿望，规模较大的近代工业开始陆续出现，中国新兴的民族资本主义有了初步的发展。山西近代工业的发展虽然落后于得洋务运动之益的沿海地区，但在 19 世纪末

山西商办全省保晋矿务有限总公司

山西商办全省保晋矿务有限总公司股票

20世纪初，也呈现出渐次增长之势。由封建地主、商人转化成的民族资本家，纷纷投资于近代工业，使山西的民族工业有了较大发展，特别是1907年随着反帝爱国争矿运动的胜利和矿权的收回，更激发了山西民族资本投资于采矿业的热情，山西近代工业中第一个较大规模的煤炭企业——保晋矿务公司应运而生。

渠本翘（1862—1919）

原名本桥，字楚南，祁县城内人。祖上世以经商为业，到其父辈一代，渠家已成为全省闻名的富商巨贾。近代山西著名实业家。

保晋公司的全称是“山西商办全省保晋矿务有限总公司”，正式创建于1907年。公司总部设在太原市海子边，并在平定、晋城、大同、寿阳、天津、北京、保定、石家庄等地设立了分公司或分销处。其中，平定、寿阳、大同、晋城等分公司经营采煤兼运销业务，其余北京、天津、保定、石家庄等分公司只经营运销业务。保晋公司的第一届经理是山西著名票号商人渠本翘，王用霖为协理，即副经理。保晋公司的成立，揭开了山西近代大规模兴办采煤业的序幕。

保晋公司从1907年成立，到1937年日本帝国主义入侵歇业，前后经营了30年。它的30年大致可分为四个阶段，即创办阶段、扩展阶段、呆滞阶段和危机阶段。

1. 创办阶段。

从1907年到1916年，为保晋公司的创办阶段。开办之初，保晋公司用山西省两次拨发的地亩捐20万两白银在平定、阳泉附近收买土窑50余座，并接受了同济和固本两个分公司。在寿阳接受了寿荣公司，在晋城接受了晋益公司。至此，所拨资金将尽，各项建设无力进展，而

大同保晋矿务公司老照片

赎矿欠款的归还期限又到，故保晋公司一开头就遭到厄运的挑战。

根据1907年与福公司签订的赎矿合同，赎款须在1911年还清。为了防止夜长梦多，别生枝节，渠本翘以赎矿合同中写明的山西亩捐作抵押，亲自出面向各票号商借款，且不爽时刻将一半赎矿款偿还完毕。为了维持生存，保晋公司在官方的协助下，进行了为期7年的募股活动，但只募集到股银192万余两，合银元286万余元。辛亥革命后，山西亩捐挪充军费，归还票商已无指望，渠本翘只好从所集股银中拿出117万余两，合银洋160余万元，偿还了向票商所借之款。保晋公司就是用这种拆东墙补西墙的办法勉强维持生存。

初期，保晋公司召开股东会，设置了董事局，建立了总公司、分公司以及各矿厂的组织机构，还制定了一些章程和规则。

建筑近代矿井和对原有矿井进行改造，是保晋公司初期着手进行的基本建设工作。公司聘请外国矿师首先设计了燕子沟东竖井。但是，由于在开凿过程中遇到流沙层，不得不更换井口位置重新开凿。重开之后，又遇到瓦斯，

外国矿师束手无策，辞职而去，使该井竣工期拖延10余年。在建设燕子沟新矿井的同时，保晋公司还先后开凿和改造了铁炉沟、简子沟、贾地沟、先生沟、庄庄沟、段家背沟和汉河沟等一些中、小型矿井。

由于资金严重不足，铁路运费奇昂，正太路以北各矿厂都不与铁路接轨，短途搬运仅靠人力、畜力，开支较大，采煤方法落后，手工掘煤凿壕，效率低下，使公司初期的发展非常艰难。

面对厄运的挑战，渠本翘对保晋公司的发展失去了信心，坚决要求辞职。渠本翘辞职后，仅担任名誉总理，由刘笃敬担任第二任经理。刘笃敬虽然竭力维持，但处于风雨飘摇中的保晋公司，败局难挽，于是他也不得不以年老体衰为由，请求辞职。

在这一阶段，保晋公司经营亏损十分惊人。

2. 扩展阶段。

从1917年到1924年，为保晋公司的扩展阶段，也是其短暂繁荣的时期。从国际形势来看，1914年爆发了第一次世界大战，各帝国主义忙于火并，暂时放松了对中国的经济侵略。这就为中国民族工业的短暂繁荣，在客观上制造了一个机会。

保晋公司第二任经理刘笃敬辞职之后，董事会选举曾经担任过阎锡山省政务厅厅长的崔廷献为第三任经理，选举纪纲为协理，聘用王骧为总稽核，组成了新的领导机构。

崔廷献接任之后，为了加强对重点煤矿基

崔廷献

1916年任保晋公司经理，保晋铁厂奠基人。

常旭春

1923年选为保晋公司经理。

地的领导，将总公司由太原海子边迁至阳泉火车站附近，并把平定公司所辖各矿厂收归总公司直接管理。崔廷献还利用自己的权势，开展整顿机构、调整人员、改革经济核算单位、清理官府欠款、请准核减铁路运费、改造和扩建重点矿井以及寻找销路等方面的工作。

在崔廷献任经理期间，由于一系列措施比较成功，再加上国际形势方面的有利因素，使保晋公司的煤炭畅销华北，远销香港、日本和美国。阳泉无烟煤也因此而名声大振，誉满中外。

在这段时间里，保晋公司还收买和出资合办了一些小煤窑。收买的煤窑主要有王家沟的聚无窑，石圪叠的聚兴窑和富华窑，虎尾沟的马头窑和李家沟煤矿等。合资经营的煤窑主要有保晋中采煤公司、富昌煤矿公司、平记煤矿和保生煤矿等。

1923 年，崔廷献调任河东道尹，保晋公司另选常旭春为第四任经理。

扩展阶段总的情况是建井工程进展顺利，煤炭销路畅通，经济效益显著，

1925 年山西保晋公司董事会合影

到 1924 年，除将公司创办以来所有亏损全数补清外，尚有富余。

3. 呆滞阶段。

1925 年至 1930 年，为保晋公司的呆滞阶段。正当保晋公司的全部亏损得到弥补，营业大有起色的时候，国内封建军阀的战争，使保晋公司接连遭受沉重打击，从而结束了它短暂的繁荣，出现了呆滞局面。1924 年，第二次直奉战争使铁路运输经常中断，铁路联运被迫取消，铁路运费重新高昂起来。同时，暂免了的出口税、进口税也被取消，导致保晋公司阳泉各矿厂生产的煤炭堆积如山，无法销售。在此情况下，保晋公司只好丢“卒”保“车”,除必需的建设工程继续进行外，其余的一律停业。

1927 年，北伐战争波及北方，铁路运输中断，保晋公司阳泉各矿厂陷于停产状态，矿工失业，职员坐食，亏损剧增。为了应付危机，保晋公司向山西省银行订立垫款合同，贷款 120 万元。

1928 年，军事稍微稳定，但车皮仍多被军队占用。车辆短缺，销路闭塞，捐税繁多，使保晋公司仍无法得到喘息的机会。尽管保晋公司尽力挣扎，将存煤运至太原、榆次等地销售，但价格低下，得不偿失。1930 年，中原大战爆发，保晋公司的营业再次受挫。这一阶段，公司财务又重新出现赤字。

4. 危机阶段。

从 1931 年到 1937 年，为保晋公司的危机阶段。这一阶段，世界帝国主义国家正处于经

延伸阅读

直奉战争：北洋政府时期，直系军阀与奉系军阀的两次军阀战争。第一次为 1922 年 4 月 29 日至 5 月 5 日，结果为直系吴佩孚战胜，完全控制了北京政府，奉系张作霖战败，退回关外。第二次为 1924 年 9 月至 10 月，奉系张作霖与沪浙皖系、广东孙中山、冯玉祥国民军联手对抗直系把持的北京中央政府，直系大败。两次直奉战争表面为各支军阀为争夺中央政府控制权而作战，背后则是各自代表英法德日诸国在华权益的争夺。

济危机时期。为了转嫁经济危机，它们在中国和中国民族资产阶级争夺市场的斗争日益激烈尖锐。日本帝国主义已占领我国东北并准备大举入侵。帝国主义的经济争夺和军事侵略，使中国民族工业的处境每况愈下。

中原大战之后，晋钞票价剧跌。保晋公司协理白象锦抓住时机，让大同分公司预售煤炭 10 万余吨，收到现洋 30 余万元，另借现洋 10 万余元，才把借贷山西省银行的欠款全部还清，解了保晋公司经济困窘的燃眉之急。

金融缓和后，保晋公司着手安排了一些矿井建设。这次改革的内容主要有二：一是撤掉各矿厂不称职的厂长，配备有能力的坑务主任，主持矿厂事务；二是取消封建把头制的生产管理形式，代之以“老伙班”的小包干形式。

这次改革使保晋公司的经营有所抬头。但是，日本帝国主义发动的侵华战争使保晋公司的努力付之东流。市场继续缩小，销路依然堵塞，亏损又迅速增加。1937 年，“卢沟桥事变”爆发，日本侵略军向华北长驱直入，保晋公司的当权者闻风而逃，并欠下上百万元的巨债。同年 10 月，随着日本侵略军铁蹄踏入阳泉，经营 30 年之久的保晋公司被日本侵略军劫夺，从而结束了它的历史。

从上述内容可以看出，在 30 年时间里，这个先天不足的民族资本主义企业，虽然几易经理屡图改革，但由于帝国主义的压迫和排挤，由于封建主义的束缚和影响，其生产和经营一直不景气。它主要经营的阳泉煤炭一直徘徊在 20 万吨左右，最高的 1924 年也仅 41 万吨。大同、忻州窑煤矿的产量也不过 15 万—16 万吨。据统计，从 1908 年到 1935 年的 28 年里，全公司共产煤炭 570.9 万吨。其中阳泉分公司最多，为 388.8 万吨，占全公司总产量的 67%。在经营上，除大同地区由于煤价稍高，略有盈余外，其余大部分地区连年亏空。1925—1929 年保晋公司年年亏损，5 年总亏损额达 44 万余元。可见处于半殖民地半封建状况的中国民族工业之基础是多么虚弱，其发展又是多么艰难。

第三节　退潮余珠——几位民国时的晋商后人

晋商，一个纵横华夏商界五百年的传奇商帮，在清末民国短短的半个世纪里纷纷退场，消失在历史的长河中。但山西人善于经商的品质已经深入骨髓，不是可以轻易抹去的。在民国时期，还有一些晋商后人在承续着先祖的遗志，继续发扬着晋商传统。孔祥熙、乔映霞以及常家后人就是其中的代表。

关键词：孔祥熙　乔映霞　常家后人

一、孔祥熙

孔祥熙（1880—1967），字庸之，1880年9月11日（清光绪六年八月初七）出生于山西省太谷县一个亦商亦儒的家庭。祖籍山东曲阜，其先祖孔宏用于明代万历年间到山西太谷做官。孔子家族自乾隆年间之后就一直未修家谱，他们这一支系自孔闻美便未能入谱。民国初年，孔祥熙路过山东济南，结识了与孔府血缘关系较近的八府长孙孔祥勉，请其代查族谱，通过孔祥熙提供上溯几代的名字，查实属于孔氏“六十户”中的“纸坊户”。孔祥熙得知自己孔裔身份后十分高兴，以德国设计的青岛电话机械纲络蓝图一份酬谢孔祥勉，日后常以孔子七十五代孙的身份示以众人。祖父孔庆鲜。其父亲孔繁慈是清末贡生，早年做过票号生意，曾在票号担任过文案，因染上吸鸦片恶习，家境逐渐衰落。

孔祥熙

他年少时在私塾学习各种儒家经典，因此打下了较好的国学根底。在后来的求学期间，孔祥熙不仅正式皈依了基督教，而且喜欢运用基督教义抨击满清朝廷的腐朽统治，并在孙中山组织兴中会、从事反清革命的影响下，秘密团结10余名同学成立了兴中会通州分会（对外称“文友会”），进行反清宣传。1905年夏，孔祥熙从美国欧柏林大学毕业，又考入耶鲁大学，于两年后荣获经济学硕士学位，并于在美期间拜见了孙中山并受其感召加入同盟会。

1907年秋，孔祥熙学成归国，直接返回太谷故里，创办了当地第一所中学——铭贤学校(创建时为小学，继而增设中学)。他自任该校校长，

延伸阅读

孔氏“六十户”，由“二十派”衍生而来。自中兴祖四十三代孔仁玉之后，经过十代的繁衍，到第五十二代水字辈，除去迁居他乡的孔氏族人之外，留在曲阜当地的兄弟，有八十七人，其中到现在为止有后人的仅有二十人，于是孔氏族人将此二十人之后定为“二十派”，然后再由五十三代以后，经过几代的繁衍，曲阜当地又由有后人的堂兄弟六十人，分为六十户，自此就形成了孔氏“二十派”“六十户”的说法。

铭贤学校

孔祥熙用美国欧柏林大学捐资所建，是太谷第一所中学，现为山西农业大学的一部分。

兼教史地、体育，并四处聘请外国传教士及其他人才为教师，开设数学、生物、矿物、国文、音乐、经史等课程，培养德、智、体均衡发展的新式人才，为太谷教育事业的近代化作出了突出贡献。

孔祥熙是一个富有经商头脑的人。1912 年，当他看到火油已成为中国百姓夜间生活照明的必需品时，立马判定经营火油生意有厚利可图，于是设立祥记公司，向英国亚细亚火油公司交付 40 万银元作为保证金，取得了在山西全省经销亚细亚"壳牌"火油的总代理权。从此，孔祥熙走上了经商致富之路，每年都能通过经销"壳牌"火油获取一笔丰厚的利润。

之后，他到日本，担任东京中华留日基督教青年会总干事，并以此为掩护，替孙中山等人在日本从事革命活动提供种种便利。1914 年 7 月，孔祥熙协助孙中山在日本成立中华革命党，并成为首批宣誓入党者之一。在协助孙中山成立中华革命党的过程中，孔祥熙结识了著名华侨资本家宋耀如的长女、时任孙中山英文秘书的宋蔼龄。两人于 1914 年春在日本横滨结为夫妇，并在 1915 至 1921 年间陆续生下两双儿女，即长女孔令仪、长子孔令侃、次女孔令伟（原名孔令俊）、次子孔令杰。

1925 年 3 月 12 日，受冯玉祥邀请赴北京共商国是的孙中山与世长辞。在孙中山逝世前夕，孔祥熙日夜陪侍其左右，并因此成为著名的《总理遗嘱》见证人之一。孙中山逝世后，他又担任治丧处主任，悉心为其料理后事。1926 年 7 月，广州国民政府发动北伐战争，在短短半年内就歼灭了直系军阀吴佩孚、孙传芳的主力部队，将革命势力由珠江流域扩展到长江流域。孔祥熙看到这一大好的革命形势后，于 12 月从美国赶往广州，担任广东省财政厅长兼广州国民政府代理财政部长，总揽后方财政事务，支持北伐战争。1927 年 4 月，蒋介石在南京成立国民政府以后，孔祥熙到南京投靠蒋介石，为其当家理财，并和夫人宋蔼龄一起促成了蒋介石和宋美龄的婚事。从此，他的政治命运便和蒋介石紧密联系在了一起。

1928 年 3 月，在蒋介石的提携下，孔祥熙出任南京国民政府工商部长。1930 年 12 月，又改南京国民政府实业部长。1931 年 12 月 15 日，蒋介石被迫通电全国，辞去国民政府主席、行政院长和陆海空军总司令职务，但仍在幕后掌握实权。孔祥熙为表示与蒋介石共进退，也于同月底辞去了实业部长职务。次年 3 月 6 日，蒋复出，委派孔祥熙以“中华民国考察欧美各国实业特使”的名义出访欧美，实际上是要孔向德、意等国商洽购买军械、飞机事宜。

孔祥熙和宋霭龄

孔祥熙这次出访欧美，历时近 1 年。其间，他不仅圆满完成了所负使命，而且会见了意大利法西斯独裁者墨索里尼。在会见墨索里尼以后，他马上把墨氏提出的中国国防建设“应从空军着手”，因为“空军发展起来比较快”，而且将来战争胜负“取决于空军”的建议电告蒋介石。蒋深以为然，于是采取了多种发展中国空军的举措。

1933 年 3 月，孔祥熙从欧洲回国，随即于 4 月初出任中央

太谷孔祥熙故居

银行总裁，积极协助行政院副院长兼财政部长宋子文实施“废两改元”，以在中国确立统一的银本位币制。同年 10 月，宋子文辞职，孔祥熙就任行政院副院长，又于 11 月初就任财政部长，并仍兼中央银行总裁。从此，他掌握中国财政金融大权长达 11 年之久，被称作“财神爷”。

1947 年秋，孔祥熙以陪护宋霭龄治病为由，由上海赴美国纽约定居，从此再未踏上中国大陆一步。两年后，国民党政权在大陆覆亡，蒋介石率残兵败将退踞台湾。又一年，蒋介石宣布复任“总统”之职，并聘孔祥熙为“总统府”资政。12 年后，孔祥熙因思念中华故土，由美国赴台北定居至 1966 年。同年，他改变在台北颐养余年的初衷，飞返美国求医。

1967 年 8 月 16 日，孔祥熙因突发心脏病在纽约去世，享年 87 岁。遗著有《二十五年来中国之工商》《西安事变回忆录》《抗战以来的财政》《孔庸之先生演讲集》等。

二、乔映霞

乔映霞，字锦堂，乳名成义，因而人称“成义财主”，乔致庸之孙。他为人精明强干，敢作敢为，思想激进。少年时期，正值康、梁变法维新，对此十分崇拜。他信奉天主，仰慕西方文明。民国以后，对孙中山先生领导的资产阶级民主革命更是拥护，并加入了同盟会。他在祁县积极倡导兴办教育，破除迷信，剪辫子、放足，且身体力行，

乔映霞

亲自领人在乔家堡村改庙宇做学堂。民国二年（1913）农历五月十三城内赶庙会，他拉着狼狗，见人就剪辫子。九汲村的段步洋、赵富贵、范有元三人进城赶会，在城内碰上乔映霞，吓得躲进字号家，钻在栏柜底，还是被拉出剪了辫子。因为这样，村里人认为他是个怪人，和谁也不一样。有的人编了顺口溜嘲笑他，有些顺口溜老年人还记忆犹新，可随口背诵出来。如："成义子，削了头发剪辫子，穿得洋袄儿洋裤子，脖子上扎得腿带子，裤子裆里缀扣子，尿尿不用解裤子……"

民国初年（1912），"在中堂"由他当家。他治家亦严，兄弟成家后均让其另立门户，独立为生。还自命斋名，如"自强不息斋""退思补过斋""知不足斋""昨非今是斋""不得不勉斋""日新斋""习勤斋""时新斋"等。在他执掌家务期间，还对其所属商号进行过大力整顿，使"在中堂"的生意买卖又有了一个大的飞跃。民国二年（1913），他出任祁县第三区区长。当时，他竭力禁种鸦片，因强行铲除烟苗，与农民发生争执，结果酿成人命案，远走避祸于天津。

乔映霞深受先祖熏陶，脾气乖僻，又具有其父逞胜好强的性格。他事业心很强，治家亦严，家人对其非常敬畏。他不甘乔家大业在他手中破落，因此力图振兴，以维护大家族的统一和完整，事事按先祖父的遗训行事。有一次在饭桌上对其九弟映庚说："听说你武功颇高，你能用四个指头把这双筷子折断吗？"九弟说："这有何难？！"便不费吹灰之力把筷子折为两截。映霞连声称赞，又把兄弟们的筷子都收起来，令九弟用两手再折，结果折不断这下兄弟们都明白了，这是让他们抱成一团，拧成一股劲！于是都低头不语。映霞说："大家都明白了这个道理，我很高兴！希望以后要同心同德，互相勉励，永记此事！"

映霞掌家时，对西北院也进行了改建，在和老院相通的跨院敞廊处，堵了墙壁，占用了原来的厨房，建成客厅，并装修得颇具异国风情。又在客厅旁修建了浴室，随时可进去洗澡。此外，还把旧厕所改建成"洋茅子"，在传统的中国式建筑中融入了西方气息，可谓别开生面。

清末到民国初年，社会动荡，战争不断，很多票号濒于倒闭。资本实力雄厚的山西祁县大德通票号，也历经劫难：仅在 1926 年，冯玉祥就要走大德通票号 500 万石粮食、150 万银元，大德通元气大伤。

到了 1930 年，大德通真正到了生死攸关的时候。当时，因为蒋、阎、冯的中原大战，山西发行一种钞票叫晋钞。阎锡山失败后，晋钞急剧贬值。最后，25 元晋钞只抵一元新币。其实，这是大德通东山再起的绝好机会，它可以拿晋钞兑付别人的存款，趁机发一笔横财。但是，大德通把多年积累的老本，投入到兑付存款之中，这是大德通做的最大的一次赔本买卖。经过这次变故，原本就在困境中挣扎的大德通，雪上加霜，最终造成 30 万两白银的亏空。两年后，有着八十多年历史的老字号大德通悄然歇业。东家乔映霞神情凝重地说："即使大德通为此倒闭，也不至于让自己人沦落到衣食无着的地步，对于一个储户来说，如果我们不这样做，对他们的威胁将是身家性命，两者相比，孰重孰轻，不言自明。"

再说乔映霞的妻室。映霞原配程氏，祁县东观村人，因难产早亡。继娶杨氏，是太谷县名士杨次山的胞妹，大约在光绪二十四年嫁到祁县乔家。婚后两人伉俪情深，但多年不孕或育而夭折，直到光绪二十九年（1903）始得一子。全家高兴至极，对小儿捧若珍宝。为防疾病缠绕，取名单字——健，祝其健康成长。而杨氏却因产后生病，不久去世。杨氏去世后，映霞失去爱妻，恸哭流涕，日思夜想，誓不再娶。谁知 10 年后，

延伸阅读

晋钞：是阎锡山统治山西期间，山西发行的特有钞票。民国八年（1919 年）山西省政府统一币制后，禁止各种杂钞的发行，由山西省银行及铁路、垦业、盐业等三家银号统一发行流通纸币。山西四银行、银号发行的各类钞垄断山西货币市场达 20 年之久，被简称为"晋钞"。

映霞在天津躲难，偶因小病去协和医院，遇见正在医院病房实习的大家闺秀刘秀菊，两人一见钟情，虽然映霞以年龄悬殊固辞，但刘为了乔家的钱财，最终说服其父，和映霞结婚。婚后生一子，五年后，两人因个性不合，年龄悬殊，夫妻生活淡化，导致裂痕愈来愈深，刘氏最终还是离弃而去。离婚后，映霞痛不欲生，曾跳楼自杀，致使髌骨断裂，造成终身跛腿。又因受刺激太深，于1921年精神失常，遂在天津、北京、家乡三处往返休养，1956年病逝于北京，

终年 81 岁。

三、常氏后人

榆次常氏是晋中富商。徐珂《清稗类钞》称常氏有资产百数十万两。该族原系山西太谷县人，明朝弘治十三年（1500），常仲林迁居榆次县车辋村刘

常家庄园后花园

家寨，由仲林一世起到八世常威时，家“始裕”，“至于起家，即率经商”。其经商则在多伦诺尔、张家口、兴化镇及本省大同、繁峙等处。晚清时期，在恰克图数十个较大商号中，常氏一门独占其四，堪称清代山西省的外贸世家。

常氏商业于清末民初衰落，常氏十三世常立训在光绪中叶曾担任常家的股东代表达20余年。其《墓志铭》记述了他看到常氏商业“日薄西山”的状况后感慨万分：“公盖不以一时之致富为可矜，而以后日之食贫为可虑，于其酌盈剂虚之际，已足见其持满戒溢的苦衷。”这就是说：光绪中叶，常氏丁目既繁，需用日浩，已是开支拮据。

常氏十三世常立教是个开明的人物，他曾考中第53名举人，后赴京会试，参与了康梁变法的公车上书，在故宫陈列的黄榜上有名，是常氏家族中第一位科举成名的人物。在义和团运动中，常立教由村众推举充当乡团团长，“与村人赵君成业，刘君秉仁协议安置拳众毋扰，并练团丁”。到庚子事变时，归化城受兵燹之苦，张垣又受到德兵骚扰，常氏商务更加艰难。此时常立教担起重任，为了处理好北京一带的常氏产业，他被常家公推前往北京，他用尽了浑身解数，可是最后仍然毫无办法，江河日下，非一人所能挽救。

不过此时常家的确在改变着，只不过这些努力最终一一失败。比如，由于商业受到损失，常氏转而热衷创办近代家庭工业，据载：“鉴于吾家人众，而资有限，恐一旦竭蹶，无以为生，因议立敦义和蚕桑局和敦睦织布工厂，由京津聘教授，购机器归，率族中子弟不习儒贾者以入，有缺额招生”，“招徒工数十人，结丝物织络带，以作试验。翌年，即栽桑数百株，养蚕数十万”，“至局内设置，如养蚕架、寒暑表及一切器具无不全备，一时敦义和之丝品织物，销售平、汾、文、交、祁、太、徐、榆等处，获利颇厚，而平汾等处人言及榆次敦义和丝物，尤为赞许”，“及民国肇兴，吾家各埠商肆顿遭损失，工厂货款无出，将至停办”。这也不能挽救常家败亡的命运。

如今，常家宅院已经被开发为旅游景区，昔日的晋商世家已成为人们观赏游览的胜地。

第六章

晋商遗宝

五百年的风雨和荣耀，在短短数十年间就消散得无影无踪。晋商的衰败如流星一般迅速，让人不敢相信。为什么晋商会衰败得如此之快？其深层原因是什么？到底应当如何看待晋商？他们为中国社会经济发展作出了什么贡献？这些问题长久以来困扰着后人，在这里，请允许我们作一点解答，权作抛砖引玉，希望能引起读者的联想与思考，以使我们可以更加清晰深刻地认识晋商。此外，晋商五百年的经商历史给后人留下了很多宝贵的精神财富，这也是我们应当继承和发扬的。

第一节　晋商衰落的原因

历史是已经发生的事情，我们没法去改变它。所以，即使惋惜晋商的衰败，叹息辉煌的褪去，也只能是聊以自慰却于事无补的。而我们更应该做的，是分析原因、吸取教训，让前人的经验真正成为我们奋起的动力。晋商衰落的原因，经众多学者研究后，主要概括为以下几个方面。

关键词：晋商自身落后及缺陷　乱世难安　帝国主义与清王朝共同压榨

一、晋商自身方面

1. 清末，晋商后人墨守成规，失去了先人大胆开拓的进取精神。

清代晋商取得了巨大成功，但却正是其对垄断地位的保持及与政权力量的结合，决定了他们的保守性。晋商的思想意识是与封建地主剥削制度相适应的，只以获得殖货之利为满足。他们经商的着眼点不是为了扩大经济势力范畴，把商业资本转移到生产领域中，而是蓄意储银养亲，衣锦耀祖于乡里。他们习惯沿用旧法经营，对国内外市场情况缺乏深入了解和研究，难以应付日新月异的世界。故在国际市场上竞争乏力，在国内无法与他省新兴商业势力相抗衡，国内外市场渐为他人所夺。

如晋商所经营的票号，自帝国主义经济势力弥漫中国后，全国和各省银行先后成立，汇兑已非一家所专，存款也为竞争者所夺。加之外国银行林立，资本雄厚，凭势欺凌，出全力摧残异己。晋人首创的票号在这种形势面前，泥古不化，瞻前顾后，没能及时改组为现代银行，故使称雄一代的票庄，不战自溃。山西票号改革家、平遥人李宏龄曾说："山西如不开设银行，后来穷窘甚于昔年岁饥。外国银行夺我全国之利，若不抖起精神与其竞争，那时元气伤尽，再欲设法补救，心有余而力不足矣！……"李宏龄大声疾呼，函劝祁、太、平各帮票号审时度势，顺应潮流革故鼎新，效法近代银行的组织、经营方法，

英国汇丰银行

上海荷兰银行

集股500万两实行票号大联合，组织股份银行，以图生存。遗憾的是这一颇有见识、力挽颓势的倡议遭到守旧势力的激烈反对，使面临灭顶之灾的山西票号只能在日益陵替的境遇中苟延岁月。

2. 过于依靠官府，清政府垮台后，失去靠山而不能自强。

晋商票号营业，向有“北存南放”政策，在京师吸收王公贵族储蓄和政府公款存储，而在南方贷出流动。“票庄放出的资金，因为革命的影响，丝毫不能流转，其余侥幸能将贷款母银归还者，便称上乘，至于利息的支付，绝对难以得到。”特别是清政府欠票号的银两，“屡恳无效，即如铁路（同蒲）既归国有，路矿借款理应清偿”，但却无法清偿。至于京中王公大臣的借款，因清廷覆灭亦难清理。太谷某票号约有二三百万两白银贷放给清朝官吏无法收回，失去清偿能力，最终被北洋政府查封。

晋商同清政府的密切关系在其崛起之时，起着积极的推动作用，而正是这种关系，为其日后的衰败埋下了伏笔，这是晋商衰落的主要原因之一。

3. 自身生活极度奢侈，近乎糜烂。

在乾隆、嘉庆、道光时期山西商人得势之时，大量金银滚滚流回山西，“方其盛时，自数百两，数十万之家相望，饰亭台，聚古玩，买姣童于吴阊，购美玉于燕赵，比比也”。道光时期，正是山西商人家族追求物质享受时期，“在此时期，凡人之社会观念，皆羡于富者之晏安，无论致富已成未成，皆急于享受而不求再进，将嘉道以前之朴素之习既摧无余，鸦片、金丹、白料乘机而入。财东只顾纸醉金迷，不问号事，伙计自然管理松懈。在来势凶猛的外国资本打击下，病入膏肓的山西商人资本只能步步退守，由于无法盈利以致最后被迫关门”。

清人吸鸦片图

鸦片俗名大烟，一种毒品。用罂粟果的汁烘干制成。长期吸食鸦片，可使人先天免疫力丧失，成瘾者极易患染各种疾病，引起体质严重衰弱及精神颓废，寿命缩短；过量吸食鸦片可引起急性中毒，可因呼吸抑制而死亡。

名噪一时的巨商及其后裔因此而衰败者，屡见不鲜。太谷曹氏家族，传至清末曹克让时，全家大小每日山珍海味；男女老少人人吸食鸦片，家中平时存储鸦片万两以上；佣人多达 370 余人，养家兵 500 余人，每年家用开支 10 余万元。每逢婚丧嫁娶，大摆宴席，尤其喜庆之时，笙歌盈日，鼓乐喧天，往往历时一月，花银上万，无所顾惜，最后终因挥霍无度而破产。晋商属于封建性商人，这就决定了其腐朽没落的生活方式，导致其自我毁灭的结局。

二、外部因素方面

1. 西方资本主义对华经济侵略加强。

鸦片战争后，西方列强打开了中国的大门，资本主义侵略势力得寸进尺，清政府奉行“媚外抑华”的腐朽政策，步步退让，不断割地赔款，增开通商口岸，洋货潮水般地涌入中国市场，严重打击了中国民族手工业产品的生产与销售。仅以晋商垄断长达 200 年之久的中俄恰克图贸易为例。第二次鸦片战争以后，沙俄先后胁迫清政府与之签订了《天津条约》《北京条约》及《中俄陆路通商章程》。通过这些不平等条约，沙皇俄国的势力开始深入我国各地，直接攫取土产品并推销其工业品，无需再与买卖城的山西出口商帮易货了。因此，恰克图边境贸易一落千丈，昔日繁盛顿作凋败，失去了昔日的光辉。俄商势力入侵导致恰克图贸易的衰落，沉重打击了山西对俄贸易商帮。此时买卖城已成“人去楼空”之势。晋商在俄贸易受到重税的压榨，复经战乱，财物惨遭掠夺，遂一败涂地。

2. 兵荒四起，时局动荡。

从咸丰朝开始，国内阶级矛盾尖锐化，太平天国运动、捻军起义、西北回民和云南苗民起义接踵爆发。为筹措军费，清政府增捐加税，使国内商品生产和商品流通受到一定影响，“清洪战役与捻回之乱，太原盆地虽未罹害，然影响于事业者，在咸道与同光之间显然划一界线”。

国内战事频繁，晋商创办的票号在战争中损失惨重。辛亥革命虽推翻了统治中国近 300 年的清政府，但革命果实却落入北洋军阀袁世凯之手。当时军阀割据，土匪纷起，生意停顿，以致票号各分庄在当地损失大量钱、货，闭门歇业，损失惨重。天成亨票号仅汉口、西安、成都三处就被土匪抢劫白银 100 多万两，待大局稳定，共计亏损 200 余万两。日升昌票号仅四川、陕西各分庄丢失现银 30 余万两，加上清室贵族官吏们的下台，放款收不回来，总共损失 300 万两以上。各分庄的一些经理伙友，有的丢少报多，乘机大捞一把，或者干脆携款潜逃。其他票号也都有不同程度的损失，几乎无一幸免。

羌帖

清后期沙皇俄国在我国东北及新疆境内发行的卢布，民间称之为羌帖，这是相对于市面上流通的官帖和私帖而言的。沙俄通过《瑷珲条约》侵占了我国黑龙江以北、乌苏里江以东共 100 多万平方公里的地区。所以，自 19 世纪 60 年代开始，“羌帖”侵入我国东北，还渗入新疆的伊犁和塔城地区。

1914 年第一次世界大战爆发，俄国国内战争顿起，在俄国各地的山西商人落荒逃归。总其损失，共折银达数百万两。大德玉、大美玉、大升玉、大泉玉、独慎玉在莫斯科共赔 140 余万两。1917 年俄国十月社会主义革命胜利后，在俄的山西商人资本被没收。由于在恰克图及俄国境内经商所积累的大量俄钞——“羌帖”的贬值及废弃，致使“锦泰亨只此一项亏款 24 万两”。其他各号，也都不同程度地遭受此种损失。晋商多年辛勤经营积累，尽毁一旦，只落得一堆废弃的俄钞。1911 年外蒙古宣布独立，蒙俄两国签订库伦通商协定，俄国人取得了在外蒙古无税自由贸易的特权，对山西商人在此的生意又是重重一棒。1921 年，外蒙古再次宣布独立，在苏联帮助下于 1924 年建立蒙古人民共和国，实行公有制，山西商人在外蒙古的资产全部丧失。继而京绥铁路通车，恰克图交易市场冷落。蒙俄市场的丧失，是对山西商人资本的致命打击。

3. 晋商获利的主要通道——中俄贸易路线失势。

随着外国商品的输入，海上运输的发展，铁路和内河航运业的开通，沙皇俄国对华贸易由陆路改从天津、大连、海参崴海上运输。这就改变了中国旧有的物资运输路线，山西作为中国对俄、欧贸易陆上商路要冲的地位逐步废弛，山西商人活动的舞台逐步缩小以至消失。

中东铁路、京包铁路等线路的开通，对山西商人又是一个巨大的打击。沙皇俄国为适应向中国扩张的需要，早在 1890 年沙皇亚历山大三世就颁布命令：“必须从速着手建设西伯利亚铁路。”甲午中日战争期间，俄国西伯利亚铁路已修到贝加尔。沙俄早就想把中国的东北当作沙皇俄国的一块禁脔，意欲继续修筑斜穿中国东北各省的铁路。1896 年，李鸿章在彼得堡和维特达成秘密协议，允许俄国修筑一条从西伯利亚到海参崴的铁路，即东省铁路，亦称中东铁路。1903 年 7 月，该路全线正式通车，使沙皇俄国

李鸿章（1823—1901）

本名章桐，字渐甫（一字子黻），号少荃（泉），晚年自号仪叟，别号省心，谥文忠，安徽合肥人。中国清朝末期重臣，洋务运动的主要倡导者之一，淮军创始人和统帅。官至直隶总督兼北洋通商大臣，授文华殿大学士。在日本首相伊藤博文的眼中，被视为大清帝国中唯一有能耐，可和世界列强一争长短之人。著有《李文忠公全集》。

的野心变成现实。

铁路运输由于其技术的先进性，极大地节约了运输时间，缩短了运输距离。京绥铁路通车前，从塞外到北京，用骆驼驮运商货，单程一次动辄一两个月，还得看天时。当它的首段京张铁路告成，根据通车初期行车速度计算，立即减至单程只需八（南行）九（北行）个小时。京张铁路延伸至包头之前，前往贺兰山区石嘴山等地收购毛皮等西北特产的俄商由于路途遥远，运输不便，常常抱怨收购活动像是探险似的。铁路一通，他们前往西北有了“通衢”。所谓“关山绵缈、行旅匪易”顿成往事，可以“关山度若飞”了。

> **延伸阅读**
>
> **京张铁路**，起始自北京丰台柳村，经居庸关、八达岭、河北的沙城、宣化至张家口。全长约200千米。1905年9月开工修建，于1909年建成通车。是中国首条不使用外国资金及人员，由中国人自行建设完成，投入营运的干线铁路。由当时的清政府委派詹天佑为京张铁路局总工程师（后兼任京张铁路局总办）设计督办。

铁路未开通前，华北地区所产长芦盐运销河南，河南杂粮运销天津一带，向来多半循卫河至道口再分运到各地，现在基本上转移到京汉、京奉两条铁路上。中南地区的汉口运俄砖茶，向来是通过经张家口到恰克图的“茶道”运输的，自从有了中东铁路，多半改由天津越海经大连输出，绝少再经从前“茶道”。由于晋商经营的商业是贩运性质的，现代交通事业的发展，货流的改道，使他们逐渐丧失了业务市场。

4. 清政府的肆意压榨。

晋商富裕之际，正是清政府财政开支开始拮据之时，所以晋商成了清政府勒派劝捐助饷的主要对象。乾隆三十年（1765），保德、永济等18州县修城，共用银270 848两，其中由晋商捐输的即达252 673两，竟占修城费用的93%之多。阳曲富商王绳中，曾一次“报效”乾隆皇帝白银两百万两，当时被人称为“百万绳中”。官府向晋商榨取驾轻就熟，成为解决府库空虚的惯用手段，山西巡抚张之洞奏稿中就有“借贷票商，以供协饷”之词。朝廷对商人的无厌获取，下边的官吏爪牙亦借此公然勒索。“上猎其一，下攘其十”。各级官吏就是这般巧立名目，贪婪地盘剥着晋商。

作为货物通过的“厘金”制度，对晋商危害尤烈。由于洋货进内地只需在海关交纳2.5%的“子口税”即可持单遍运中国各地，再不用交税而通行无阻。但华商运货，则需缴纳名目繁多的苛捐杂税。特别是晋商经营的大宗商品，多是长途贩运，但各地关卡都是卡卡缠厘，关关纳税。如宣统三年（1911），仅山西一省就设有厘卡41所，年收入厘金近百万两之巨。“厘金”制度使晋商之利日渐衰微，最后只有蚀本弃商一途。

清廷无止境的大量搜刮，无异于杀鸡取卵，从根本上动摇削弱了晋商的经济基础。就连对清廷有过显赫功绩的介休范氏皇商，也逃不脱最后破产的命运。范氏四代人长期从日本贩铜交售政府，但只得市价之半，故多年来以营长芦盐之利补洋铜之亏，尚且远远不足，使之资本拮据一直处于捉襟见肘，寅吃卯粮的境地。及至亏损一百五六十万两实在无法支撑时，清政府确认其已被榨干，无利用价值，便一门查抄，家产充公，弃如敝履。

所以，晋商的衰落并非偶然，是内部自身原因和外部社会原因综合作用的结果，是随着旧中国逐渐走向半殖民地半封建化而一蹶不振的。

延伸阅读

子口税：19世纪中叶至20世纪30年代进口洋货运销中国内地及自内地运送土货至通商口岸出口类似税票时所纳的抵代通过税的一种税款。这种抵代税相当于进出口税的一半，故又称子口半税，这是帝国主义破坏中国内地税主权的一种税制。其目的在于保证低水平的协定关税充分发挥作用，把进出口商品的内地税也纳入协定范围的一种税制。

第二节 晋商的历史作用

晋商自明代崛起到 20 世纪初衰落，纵横商界 500 余年，对社会经济的发展作出了贡献，这主要表现在以下几个方面。

关键词：促使全国市场形成　扩大社会分工和就业　促进各地城镇建设　培养近代银行人才

第一，晋商足迹遍布四方，推动了各地区间经济关系的发展，促成了全国统一市场的形成，扩大了国内外贸易区域。

晋商主要是进行长距离的贩运转售贸易，“致富皆在数千里或万余里外，不资地力”。中国内地各大商业城镇甚至俄国腹地和日本、朝鲜及东南亚地区均有晋商所设的分庄。

晋商的商业活动虽是从自利动机出发，但他们的行为在客观上对社会经济产生了很大的促进作用。由于他们经常往来于城乡各地，许多荒郊野岭成为商路、穷乡僻壤变为商业重镇。为从地区之间的商品差价中求利，他们不辞辛苦长途贩运。这一方面繁荣了所及市场，互通了有无，调剂了余缺；另一方面也刺激了需求，促进了生产。明清生产关系没有改变，生产工具也无重大革新，但经济却有长足发展，其主要原因就是有效需求上升，扩大了国内市场。

以汉蒙贸易为例：为满足蒙古市场的需求，晋商在内地大量收购产品，使内地产品的市场不断扩大，从而对内地农业和手工业的生产产生了促进作用。同时，旅蒙晋商把草原上数以万计的牲畜、皮毛和畜产品运到内地，满足了内地对牲畜、畜产品的需求，刺激了畜牧业的发展。此外，由于晋商的收购，许多农民和手工业者顺利出售了自己的产品，购得了种子、肥料、牲畜等生产生活必需品，使再生产得以继续。不仅如此，晋商的长途贩运有较稳定的周期，使市场上的小生产者和消费者能按时售购。

在山西商人的远距离长途贩运贸易中，逐渐开拓和形成一些商业路线。其中，以山西、河北为枢纽，北越长城，贯穿蒙古，经西伯利亚，通往欧洲腹地的商路最为著名。通过山西商人在漫漫商路上的远足商贸活动，烟酒糖布茶、驼绒牛羊马等各种商品南北对流，东西交易，从而加强了各地区之间的经济联系。

第二，加速了各地社会分工的扩大和农副产品的商品化。

山西商人在商品交易中经营的商品种类繁多，食盐、皮张、颜料、粮食、药材、丝帛、棉布、茶叶等均在其运销之列。这些农副产品在晋商未出现壮大时，大都为区域性消费物品且商品化程度不高。在晋商走南闯北的长途贩运下，它们被销售到全国各地，北方的人们喝上了南方的茶叶，沿海的渔民穿上了西部的皮靴。各地物资相互交换，各地土产成为其他城市市场上的抢手货，一直被作为日常食品的米麦粮油成为商品，为其种植者带来利润与回报，这些都是晋商连续500年辛勤经营的成果。

此外，晋商在各地开号办铺，与北方俄蒙贸易，到南方制茶贩茶，这些都推动了当地手工业的进一步细化和社会分工的扩大。一系列如皮革制造业、茶叶压制作坊、粮食加工业等新兴行业如雨后春笋般陆续出现并壮大，带动了就业人员的增加，保证了社会的安定，晋商功不可没。

第三，在各地开店设铺，推动了当地城镇的形成和发展。

山西商人不仅进行长途贩运，同时在各地开设了许多店铺，从而推动了城市、集镇的兴起和繁荣。如九边之首的大同，原只是一个军事重镇，但由于晋商的活动，使之"繁华富庶，不下江南"。在北京前门大街，80%是山西人的商号。迄今为止，北京650万城市人口中，山西籍的占70万，超过10%，这些大多是当年晋商的后裔。位于宁夏、内蒙古、甘肃三省交界，素有"小北京"之称的定远营（今阿拉善左旗）由于山西平遥人经营的"祥泰隆"而勃兴，故当地至今流传着"先有祥泰隆，后有定远营"的谚语。至于晋商大本营之所在地祁县、太谷、平遥以及复盛公之于包头城，晋盛志之于西宁城，曹家号之于朝阳县等，前已述及，不再赘述。

由于晋商长距离贩运贸易，促进了城市的进一步发展和新兴集镇的产生。同时，在极艰辛的商贸活动中，他们也获得了丰厚的利润。在高额利润的刺激下，山西风俗和人们的价值观念、价值取向产生根本性变化，山西俊秀之士在明清两代，不去读书应仕追求“夫贵妻荣”的锦绣前程，却要“弃仕从商”。这说明山西商人能较大程度地摆脱传统观念的束缚，背离了儒家思想中“小人喻于利，君子喻于义”的行为准则。

第四，促进全国金融流通和商品转换，并为近代银行培养了大批专业人才。

票号产生后，首将汇兑推向民间，专为商业活动中银钱的异地调拨服务。一纸汇票甫到，百万现金立取，使款项“汇通天下”，安全可靠、省时省力。因此，它从诞生之日起就显现出旺盛的活力——分号不断扩展，形成遍及全国的金融网络，从而沟通了所有行省和地区间的金融流通，促进了中国商品经济的发展。不仅如此，山西票号还最早进入国际金融市场，设立分支机构。这些分支机构向外商提供了金融信用，对国际间的经济交流也起了促进作用。

此外，票庄将收存之款项不仅用于汇兑，而且还借贷给商号，促进了商业的繁荣，也无疑对近代工业和手工业又是一个有力的推动。正因为票号的中介作用，使大量原本是封建统治集团的消费资金变为商业字号的流动资金，进而促进了商品经济的发展。并且，作为首开中国金融汇兑先河的山西票号，也为我国银行业的发展培养了一大批专业人才。

综上所论可以看出，明清时期，驰骋商界五个世纪，曾一度执全国金融界之牛耳的山西商帮，通过开辟商路、长途贩运、四处设庄、异地汇兑、转账结算，加强了区域经济联系，扩大了国内外贸易市场，促进了社会分工的扩大和农副产品的商品化，推动了各地城镇的兴起与社会风尚的变化，为近代银行业培养了大批专业人才。它的历史地位和积极作用不可低估。

第三节　晋商精神

晋商涉足海内外，驰骋数百年，成为世所艳羡、实力雄厚的商界劲旅。他们不畏艰辛、敢冒风险的开拓创业精神，被国内外学者誉为“山西商人精神”，即“晋商精神”，其实晋商精神不止于此，它可概括为以下四个方面。

关键词：勇于开拓　艰苦创业　诚信为本　同舟共济　顺势发展

一、贸迁四方，艰苦创业

明代商业资本随着商品经济的发展开始冲破自然经济地方性的樊篱。晋商从此大显身手，从国内长途贩运进而扩大到把本国各地的商品输送到海外。嘉靖以后，他们贩运丝绸、棉布、瓷器、盐、粮食等商品，往来于内地和东南沿海地区。晋商采用“人弃我取，人无我有”的策略，把外省商人不曾经营或不受重视的货物，不论大小，不论贵贱，不论远近，只要有利可图就选择时机及时贩运。他们把江北货物“日夜商贩而南”，又把江南货物“日夜商贩而北”，就这样把商品运销于四方，只以追逐利润为唯一目标。及至明末，晋商已遍布于全国大小城市，可谓比比皆是。

俟至清代，晋商势力更加扩展，南则江汉以至粤桂，北则东北、蒙古，东则京、津、鲁、苏，西则甘、青、新、宁，几乎占领了全国市场。他们把全国各处所产货物，车载船装，牲驮畜运，盈千累万，贩运各地，对当时全国的物资交流，互通有无，活跃市场，促进生产都作出很大贡献。许多地区竟出现“晋商不至，产无所泄”的依赖局面。与此同时，晋商势力还伸向俄国、日本、朝鲜、印度等国和南洋各地。

像晋商这样舞台广大，负货远征千万里，无弗远近，致富皆在数千里或万余里外，需要有坚韧不拔的意志和不畏艰险的进取精神。清代学者纳兰常安在《行国风土记》中记载：“塞上商贾，多宣化、大同、朔平三府人，甘劳瘁，耐风寒。以其沿边居处，素习土著故也。其筑城驻兵则建室集货，行营进剿，时亦尾随前进，虽锋刃旁舞，人马沸腾之际，未肯裹足，轻生而重利，其情乎。当大军云集，斗米白银十两，酒面果蔬，虽少售亦需数金，一收十利，意犹未足。其货小其秤入，银大其戥进，官兵受其愚，恬不为怪，是以收利盈千万亿。……至于赤手贫乏之人，伐薪刈草，亦积数百金。”随军进剿，尾随贸易，全然把生死置之度外，其冒险开拓精神，可见一斑。

中俄恰克图贸易开通后，山西商人利用原始的运输工具——驼、马、牛，每年将数以万担计的各类商品输送到中俄边境甚至俄国腹地。这些商品大都从福建、安徽、两湖等地采购而来，途中水陆兼运，翻越千山万水，踏遍浩瀚大漠，栉风沐雨，披荆斩棘，这种不畏艰险的创业精神实属罕见，令后世诸人惊叹不已。如张家口至恰克图一程，约 2 900 华里，地旷人稀，朔漠大荒，流沙无定；夏季酷暑，头顶烈日，足履灼沙，数日不见水源，如煎如炙；冬季朔风呼啸，气温至零下 36 度。途中次第冻僵冻毙者时而有之；春秋两季，时遇风沙骤至，天昏地暗，填路埋人；间或突遭匪劫，丢命失财，死于天灾人祸者，时有所闻，黄沙白骨，令人触目惊心；每运一次货物，牛车驼队颇费时日，约经数月至半年，若逢不顺，有终年不得达者。至于赴国外经商，一去无回，埋骨异域者，屡见不鲜。晋商正是以这种“辟开万顷波涛，踏破千里荒漠”的开拓进取精神纵横于国内外商场，并取得了巨大成功。

二、以义制利，崇尚信誉

山西商人尽管同全国各地百姓一样深受孔孟之道影响，崇尚信义，但在重商立业的创业思想指导下，他们在“义”和“利”的问题上，也有着独特的理解和行为规范。在儒家义利思想的影响下，山西商人身入财利之场而不污，守信耐劳，淳厚重义，被誉为“轻财尚义，业商而无市井之气”。他们重商誉，以诚信取胜，凡事以道德信义为根本。

晋商在经营活动中不仅“重廉耻而惜体面”，并且将其演变成经营处世的准则：“平则人易信，信则公道著，到处树根基，无往而不利。”他们时时以此准则约束自身，以做“善贾”“良贾”为荣，并将严守信誉作为商业道德，代代相传。

到清代，随着晋商经济势力的逐步发展，这一精神得以进一步弘扬。诚以待人，珍视信誉，已成为晋人经商成功的秘诀。有的父祖辈经商遇险破产，若干年后子孙从商发迹，对本来无须承担的陈债仍主动代先人偿还。诸如此类之事，屡见不鲜，在国内外传为美谈。外国人曾评论说：“这种品德在世界其他地域从未见闻。”梁启超也评论道：“晋商笃守信用。” 1888 年，英国汇丰银行一位经理甫将离开中国时，对山西票号、钱庄经营人有过这样一段评论：“我不知道我能相信世界上任何地方的人像我相信中国商人或钱庄经营人那样快…… 这 25 年来，汇丰银行与上海的中国人作了大宗交易，数目达几亿两之巨，但我们从没有遇到一个骗人的中国人。”晋商如此重信誉，谁人不愿与之共事！

信誉高自会招徕主顾。绝大多数蒙古人认准晋商茶庄经营的某一牌号的砖茶后，长期购用，一生不易变动。由于晋商出售的砖茶质量可靠，为蒙古人民信赖，因此他们平时常以砖茶代替银两货币，以作为物资交换手段。晋商既珍视自身信誉，必然重视自身职责。他们在经营上一丝不苟，受一事诺一言，终生不渝，所以能立足社会，形成长期不倒的稳固地位。如著名晋商范永斗就是由于久著信义而受到清政府的垂青，后来成为皇商。祁县乔氏在包头的复盛油坊，运胡麻油回山西销售，经手职员为图厚利，在油中掺假，掌柜发现后，即另行换装，经济上虽蒙受了损失，但维护了商号信誉，招得近悦远来。

此外，在晋商中洁身自好也成为一种风尚，几乎听不到有人舞弊之事，做到了“利以义制”。若有人一经失足，遂为同行不齿，乡里所卑，亲人所指，失去营生，就业无门，再无颜回归故土。故作弊即自毙，人人戒之。

三、商帮集团，同舟共济

清代，随着资本主义萌芽的增长，国内外商业竞争力量也在加强。晋商为维护既得利益，巩固已获得的商业阵地和某些行业的垄断地位，彼此连接起来，互相提携，互相帮助，形成一个纵横连接，网络贯通的地域性商业集团，世称“山西帮”(或称晋帮、西帮)。如中俄恰克图贸易，长期以来一直为晋商所垄断，商号最多时达120余家，各商号组合成商会，维护共同利益。各店如同一家，一致对外，与同行竞争，使外帮势力无法涉足其间。

晋商在长途贩运中，船帮自有造船场、码头和船队，载运各省货物于沿江上下及各海口以至日本进行交易；驼帮盛时备驼不下数十万，贩运各种货物于东北、西北和俄国。两帮均带有集团经营性质，都订有相约共守之规章。船帮与驼帮贸易额均十分巨大，其势力之盛，经营范围之广，在世界上尚属罕见。

晋商于异地经营，特重乡情，且热衷组织同乡会和会馆。所以如前所述，晋商同乡会和会馆遍布全国大小城市，就是在云南和贵州等偏远省份也不例外。晋商通过组织商会，进行同行间的经济管理和协调，维护本会的共同利益，约束全员，避免内部争斗，一致对外。

四、应变图存，适时调整

晋商缘晋人刚毅务实之风，在经商中表现出随遇而安，顺应环境，甚至逆来顺受的品格。同时，又养就了一种遇挫折不气馁，对困难不低头，总是想方设法去应付和解决的应变图存精神，从而成为胜者。同治年间，俄商在本国政府的支持下，凭借不平等关税条例的庇护，来中国自行贩运茶叶、土货，赴恰克图贸易。晋商之利为其所夺，立陷困境。但并未因此服输的晋商，发扬进取精神，采取“以其人之道，还治其人之身”，“你打你的，我打我的”的办法，由恰克图假道俄边行商，进而打入俄国腹地，同俄商争夺利源。一度时期晋商能反败为胜居于优势，出乎人们意料之外。又如，原来晋商销于国内外之茶，皆为福建武夷山所产，但到1853年至1856年，由于太平天国革命运动兴起，进货渠道受阻，晋商遂迅速转向湖南采购。后来他们发现两湖交界的羊楼洞、羊楼司一带，山峦重叠，雨水充沛，气候湿润，甚宜植茶，便指导当地农民栽培，并获得成功，很快使这一带成为重要的产茶区，解决了货源问题，同时还设场加工制造砖茶，成为当地最早的手工业。

晋商的应变图存也施于细微末事之中，以助其事业的进取与成功。旅蒙晋商鉴于当地缺医少药状况，掌柜和伙友都略懂医术，备有针灸器械，并随身携带简单通用药品，边做生意边医治小病，颇受蒙古牧民的欢迎。他们通过义务医病，代为购销物品等活动，沟通彼此情感，建立友谊，使有的顾客数十年不变。

严于管理，应变图存的精神，使晋商生意兴隆，同时造就了一代代驰骋于国内外市场的高素质人才。

主要参考书目

成艳萍：经济一体化视角下的明清晋商[M].北京：科学出版社.2013.

冯改朵、刘建生等：西口研究——以杀虎口为中心[M].太原：山西经济出版社.2012.

刘建生、燕红忠、张喜琴等：明清晋商与徽商之比较研究[M].太原：山西经济出版社.2012.

燕红忠：晋商与现代经济[M].北京：经济科学出版社.2012.

燕红忠：中国的货币金融体系——1600—1949[M].北京：中国人民大学出版社.2012.

刘建生：商业与金融：近世以来的区域经济发展[M].太原：山西经济出版社.2009.

刘建生、燕红忠、石　涛等：晋商信用制度及其变迁研究[M].太原：山西经济出版社.2008.

刘建生、燕红忠、王瑞芬等：山西典商研究[M].太原：山西经济出版社.2007.

刘建生、刘鹏生、李　东：回望晋商[M].太原：山西经济出版社.2007.

刘建生、刘鹏生、燕红忠等：明清晋商制度变迁研究[M].太原：山西人民出版社.2005.

刘建生、刘鹏生等：晋商研究[M].太原：山西人民出版社.2005.

刘建生：晋商巨擘[M].太原：山西经济出版社.2005.

刘建生：商谭[M].太原：山西经济出版社.2002.

刘建生、刘鹏生等：山西近代经济史——1840—1949[M].太原：山西经济出版社.1995.

刘建生：中国近代经济史稿[M].太原：山西经济出版社.1992.

蔡东洲、文廷海：关羽崇拜研究[M].成都：巴蜀书社.2001.

葛贤慧：商路漫漫五百年[M].武汉：华中理工大学出版社.1996.

李希曾：晋商史料与研究[M].太原：山西人民出版社.1996.

刘建生、燕红忠：晋商与传统文化[J].晋阳学刊.2002（4）：45-48.

木萱子：晋商之死[M].北京：中国经济出版社.2009.

聂昌麟、赵政民：太谷曹家商业资本兴衰[M].山西文史资料全编：第1卷.太原：山西文史资料[M].编辑部.1998.

孙丽萍：论晋商的人生价值观[J].晋阳学刊.2001（4）：75-81.

田际康、刘存善：山西商人的生财之道[M].北京：中国文史出版社.1986.

张正明：晋商兴衰史[M].太原：山西古籍出版社.1996.

周建波：成败晋商[M].北京：机械工业出版社.2007.

后记

晋商五百年发展史交杂着创业的艰辛、扩业的奋进、守业的谨慎和败业的辛酸，读之，令人兴奋、崇敬、骄傲、惋惜、哀伤，各种感情杂糅其中，最后唯余唏嘘。但我们若只止于唏嘘，就罔顾了这一段历史的价值。

清亡至今已百年有余，晋商的背影已经消失在历史的迷雾中，其当年在广袤的中国大地上纵横捭阖的景象，只记录在书页上，流淌在文字中。然而，这段历史带给我们的思考是丰富而长久的。

本书主要是对晋商全貌作一概述性介绍，对晋商的兴起、发展、衰落以及在中国商业史中的地位和影响作一阐释，以期为读者勾勒出一幅明清晋商发展演变的商界浮沉图，同时为阅读《晋商五百年》丛书的其他卷本提供必要的认知基础。

本书的框架布局和内容设计主要考虑如何将晋商的发展史更清晰地描述出来，廓清晋商五百年的发展演变轨迹，但没有停留在单纯地介绍和叙述，更多的是阐释和反思。笔者想通过更多思辨性的语言和观点，为读者留下更多思考的空间，使读者对晋商兴衰现象有更加深刻的历史认知。正如我们一直强调的，研究和传播晋商，不能搞成“炫耀式或凭吊式”的东西，而要从大量历史资料中探寻真实的历史，还原历史真实的面貌，并从客观发展的史实中总结历史规律，梳理有价值的经验和教训，即所谓“前事不忘，后事之师”。

在本书的编写过程中，笔者在山西大学晋商学研究团队前期成果的基础上，参考了大量前人和同辈们的研究资料和论文，但限于体例和篇幅等方面的要求，不能在参考文献中一一列出，在此表示深深歉意和感谢。

刘建生

跋

明清晋商在中国商业舞台上活跃的时间之长、影响之大，是空前的。然而历史的车轮无情地碾过那段令人激奋和无奈的岁月，只留下斑驳的记忆和深深的叹息。如何重拾昔日辉煌、重振晋人精神，如何改变百年封闭思想、形成晋人与时俱进的理念，如何挖掘历史文化遗产、实现文化强省，如何改变外界对山西的偏见、重塑山西的时代形象，成为当代有识之士急于破解的难题。

在国家日益重视文化对社会发展的重要意义的背景下，正值山西省省委、省政府大力推动文化产业发展的良好历史机遇，2008年初夏，时任山西教育出版社社长的荆作栋以敏锐的市场把握和独特的文化视角，结合晋商出版物的现状，将晋商文化的挖掘和传承作为出版工作的一个切入点，提出做一套能全面展示晋商文化图书的出版思路；山西大学晋商学研究所近二十年来一直致力于晋商研究，曾先后出版相关专著十余部，发表相关论文二百余篇。鉴于此，张沛泓、杨文两位编辑在多方调研和充分论证的基础上，最终确定与山西大学晋商学研究所合作，以《晋商五百年》丛书的形式，将近年来晋商在各方面的研究成果进行整合，以通俗和生动的方式图文并茂地展示给广大读者。山西大学晋商学研究所在深入思考和集思广益之后，决定全力以赴做好这套书。相信这必将有力地推动晋商文化的宣传和普及，更好地满足文化市场发展的需求。

随着晋商研究的深入，晋商学作为一门独立的学科已经初具规模，其研究的外延亦不断扩大。《晋商五百年》丛书主要从经营行业（盐商、典商、票商、茶商、粮商等）、会馆、家族、教育、公司、建筑、经营、镖局、走西口等方面，对晋商现象进行概括性描述，基本可以反映出明清晋商的全貌。在本丛书的各分册中，对晋商饮食起居、书法戏曲、官商关系、社会公益以及特有的商业习俗等也都有所涉及。

《晋商五百年》丛书十四册的编写历经五年有余，经过出版社同志们的辛勤劳动和各分册作者的共同努力，终于可以付梓出版了。丛书作者为山西大学晋商学研究所、历史文化学院、经济与管理学院、教育学院和体育学院研究晋商学的老师和研究生，他们分别从自己研究的领域和视角对晋商现象进行了介绍。在五年多的编撰过程中，出版社编辑和作者两方多次探讨，反复修改，几易其稿，达成共识；特别是在丛书整体的文字表达上，尽量使用通俗的描述语言，并配以内容丰富、形式多样、涉及范围广的“延伸阅读”，让各册内容更加丰满，知识涵盖面更加广泛。在此，对各位著作者的辛苦工作表示敬意。

山西教育出版社编审委主任张沛泓、项目部主任杨文在本丛书的论证、策划、立项、组织等方面做了大量工作，并在成书的过程中积极推动，在此对她们的敬业精神表示钦佩。各册责任编辑为使图书更加美观形象、内容更加生动丰富，通过各种渠道搜集和拍摄了大量图片，下了很大功夫，也付出了很多心血。山西教育出版社美术编辑刘志斌在丛书的装帧设计、正文图片的统筹和编排等方面做了大量工作。在此对山西教育出版社相关领导和编辑们的敬业精神和辛苦工作表示崇高的敬意和衷心的感谢。

在本丛书的编写过程中，我们参考了大量学界前辈和研究同仁的研究成果，但囿于体例和篇幅限制，不能全部一一标列，在此对各位作者表示诚挚的感谢和深深的歉意。由于本丛书有的分册是师生合作编撰，其中在结构安排、行文内容等方面还有一些尚需斟酌之处，恳请各位读者指正和谅解。

刘成虎

于山西大学晋商学研究所

鸣谢

为全面形象地宣传、展示晋商文化，本丛书在编辑出版过程中编配了一些相关图片，我们希望取得摄影者的授权，但囿于时间、条件的限制，部分图片未能事先与摄影者取得联系。在此，我们对相关摄影作品的作者表示歉意并恳请能及时与我们联系。本丛书图片的提供者有梁铭、荣浪、薛菲、刘志斌、高春平、刘成虎、刘映海等，并得到北京晋商博物馆、山西财经大学晋商博物馆、山西省博物院、太原晋商博物馆、山西近代矿史研究会、保晋公司纪念馆等单位的大力支持，在此一并致谢！